Alienação Fiduciária de Bem Imóvel

Alienação Fiduciária de Bem Imóvel
QUESTÕES PROCESSUAIS

2023

Mateus Castello Branco Almeida Bessa

ALIENAÇÃO FIDUCIÁRIA DE BEM IMÓVEL
QUESTÕES PROCESSUAIS
© Almedina, 2023
AUTOR: Mateus Castello Branco Almeida Bessa

DIRETOR ALMEDINA BRASIL: Rodrigo Mentz
EDITORA JURÍDICA: Manuella Santos de Castro
EDITOR DE DESENVOLVIMENTO: Aurélio Cesar Nogueira
ASSISTENTES EDITORIAIS: Larissa Nogueira e Rafael Fulanetti
ESTAGIÁRIA DE PRODUÇÃO: Laura Roberti

DIAGRAMAÇÃO: Almedina
DESIGN DE CAPA: FBA

ISBN: 9786556278056
Março, 2023

Dados Internacionais de Catalogação na Publicação (CIP)
(Câmara Brasileira do Livro, SP, Brasil)

Bessa, Mateus Castello Branco Almeida
Alienação fiduciária de bem imóvel : questões processuais / Mateus Castello Branco Almeida Bessa. -- 1. ed. -- São Paulo : Almedina, 2023.

Bibliografia.
ISBN 978-65-5627-805-6
1. Alienação fiduciária 2. Alienação fiduciária em garantia 3. Bens imóveis 4. Contratos empresariais 5. Direito civil 6. Direito imobiliário I. Título.

23-143633   CDU   347.922.6

Índices para catálogo sistemático:

1. Alienação fiduciária de bens imóveis : Direito processual 347.922.6

Aline Grazieļe Benitez - Bibliotecária - CRB-1/3129

Este livro segue as regras do novo Acordo Ortográfico da Língua Portuguesa (1990).

Todos os direitos reservados. Nenhuma parte deste livro, protegido por copyright, pode ser reproduzida, armazenada ou transmitida de alguma forma ou por algum meio, seja eletrônico ou mecânico, inclusive fotocópia, gravação ou qualquer sistema de armazenagem de informações, sem a permissão expressa e por escrito da editora.

EDITORA: Almedina Brasil
Rua José Maria Lisboa, 860, Conj.131 e 132, Jardim Paulista | 01423-001 São Paulo | Brasil
www.almedina.com.br

A Beth (*in memoriam*), pioneira e inspiração.
A meu pai, pelas incansáveis preocupações.
A minha mãe, pelas amorosas intervenções.
A meus irmãos, por serem modelos de inteligência.
A Carol, pelo apoio e compreensão de, desde quando nos conhecemos, aceitar a dividir minha atenção com esta obra.
A Malu, por ser a razão do meu viver.

AGRADECIMENTOS

Primeiramente agradeço ao professor Walter Piva Rodrigues por todos os ensinamentos, entendimentos e, principalmente, por seu enorme coração, sem o qual o fim dessa jornada não seria possível. Reforço que lhe serei eternamente grato.

A minha família e a minha Carol deixo meu agradecimento por terem a todo momento me apoiado e suportado na caminhada até a conclusão dessa jornada.

Sou grato por toda ajuda, orientação e conselhos de João Paulo Hecker e Ronaldo Vasconcelos, que permitiram que o presente livro fosse publicado.

Agradeço a todos os colegas e amigos que ao longo da caminhada contribuíram de alguma forma para que eu iniciasse, desenvolvesse e finalizasse este livro.

PREFÁCIO

Muito me satisfaz e me orgulha o convite para prefaciar essa obra, que é o primeiro livro do Autor, já que pude acompanhar e participar ativamente para a sua consecução.

Conheci o Autor quando se juntou ao nosso escritório e desde as nossas primeiras conversas percebi que ele sempre buscava aprofundar as discussões jurídicas, trazendo ponderações que ampliavam a perspectiva sobre os litígios judiciais e questões processuais em debate.

A Obra ora prefaciada, Alienação Fiduciária de Bem Imóvel: Questões Processuais, é o resultado dessa qualidade do Autor, e tem origem na dissertação de mestrado, elaborada sob a orientação do ilustre Professor Walter Piva Rodrigues, defendida pelo Autor perante a Faculdade de Direito da Universidade de São Paulo, na área de concentração Direito Processual, perante a banca composta por Doutor Carlos Alberto Dabus Maluf, Doutor Ricardo de Carvalho Aprigliano e Doutor Alex Costa Pereira.

Nesse sentido, a escolha do tema do Autor é deveras interessante na medida em que buscou analisar uma matéria do Direito Civil (Alienação Fiduciária de Bem Imóvel) à luz do Processo Civil, obra que estava fazendo falta e que é de enorme valia, não apenas aos operadores do Direito, mas também para todos, já que trata de questões cotidianas. Dito de outra a forma, a Obra tem a virtude de ter conseguido aliar a pesquisa científica de qualidade à realidade, com uma linguagem direta e objetiva.

Após uma breve contextualização histórica e conceitual da alienação fiduciária, o Autor tratou com virtuosidade questões processuais que demandaram especial atenção. Isso porque, como bem pontuado na Obra, por diversas vezes, ao apreciar as questões que lhe são postas para decidir, o Poder Judiciário acaba cometendo os equívocos de ora desprezar o direito material inerente à alienação fiduciária, ora desconsiderando as questões processuais que dão a segurança jurídica ao instituto.

Para citar alguns exemplos dessa abordagem, basta conferir como o Autor bem desenvolveu a questão relativa à alienação fiduciária em garantia de imóvel rural para pessoa estrangeira, em que há confusão sobre os conceitos do instituto. O mesmo se diz quando o Poder Judiciário profere decisões determinando a suspensão dos leilões extrajudiciais sob o argumento de estarem sendo realizados à preço vil, apontando soluções práticas e extremamente úteis para a academia e para a prática profissional.

Indo além, o Obra se aprofunda, trazendo argumentos novos e muito perspicazes, na discussão sobre a possibilidade de o credor fiduciário ingressar com medidas executivas, buscando receber o saldo remanescente quando o resultado do leilão do imóvel alienado fiduciariamente não for suficiente para satisfação da dívida.

Por esses motivos, com tantos assuntos de relevância, a presente Obra certamente será bem recebida por todos aqueles, da comunidade jurídica ou não, que tiverem interesse na Alienação Fiduciária de Bem Imóvel, tendo tudo para se consolidar como obra fundamental sobre o assunto.

Ronaldo Vasconcelos
Doutor e Mestre em Direito Processual Civil
pela Universidade de São Paulo.
Professor do Departamento de Direito Processual Civil
e Comercial da Universidade Presbiteriana Mackenzie

SUMÁRIO

1. INTRODUÇÃO — 15

1. BREVES CONSIDERAÇÕES DA ORIGEM HISTÓRICA — 19
   1.1. Direito romano — 20
   1.2. Direito germânico — 23
   1.3. Direito inglês — 25
      1.3.1. Mortgage — 26
         1.3.1.1. Chattel Mortgage — 28
      1.3.2. Trust — 29
         1.3.2.1. Trust Receipt — 33
   1.4. Direito Espanhol — 34
   1.5. Direito Brasileiro — 34

2. NEGÓCIO FIDUCIÁRIO — 43
   2.1. Negócio Fiduciário e Propriedade Fiduciária — 44
      2.1.1. Negócio Fiduciário — 44
      2.1.2. Propriedade Fiduciária — 48
   2.2. Elementos dos negócios fiduciários — 54
   2.3. Classificação dos negócios fiduciários — 55
   2.4. Validade e eficácia dos negócios fiduciários — 57
   2.5. Tipos e Modalidades de negócios fiduciários — 57
      2.5.1. Negócio Fiduciário para gestão e administração patrimonial — 59
         2.5.1.1. Fideicomisso testamentário ou substituição fideicomissária — 60
      2.5.2. Alienação com fins de garantia — 61
   2.6. Negócio Fiduciário, Negócio Simulado e Negócio Indireto — 63

3. **ALIENAÇÃO FIDUCIÁRIA DE BEM IMÓVEL**   67
   3.1. Considerações gerais   67
   3.2. Conceituação   69
   3.3. Elementos essenciais do Contrato   72
      3.3.1. Sujeitos   72
      3.3.2. Objeto   75
      3.3.3. Forma   79
      3.3.4. Elementos essenciais   85
   3.4. Deveres e Direitos das partes   87
   3.5. Deveres e Direitos do Devedor Fiduciante   87
   3.6. Resolução do contrato   90
      3.6.1. Do pagamento pelo devedor fiduciante   90
      3.6.2. Deveres e Direitos do Credor Fiduciário   92
      3.6.3. Do inadimplemento do devedor fiduciante   94
         3.6.3.1. Mora e sua purgação pelo devedor fiduciante   96
         3.6.3.2. Leilão do imóvel   106
            3.6.3.2.1. Taxa de ocupação e despesas do uso do imóvel   114
   3.7. Cessão da posição na alienação fiduciária   117
   3.8. Insolvência das partes   119

4. **QUESTÕES PROCESSUAIS CONTROVERTIDAS DOS PROCEDIMENTOS DA ALIENAÇÃO FIDUCIÁRIA EM GARANTIA**   123
   4.1. Ações judiciais decorrentes da alienação fiduciária em garantia de bem imóvel   124
      4.1.1. Ação de reintegração de posse   124
      4.1.2. Ação de despejo na alienação fiduciária de bem imóvel   130
      4.1.3. Ações de obrigação de fazer do devedor fiduciante em face do credor fiduciário   135
   4.2. Adjudicação do imóvel pelo credor fiduciário e a exoneração da dívida   140
   4.3. Teoria do adimplemento substancial do contrato na alienação fiduciária em garantia de bem imóvel   149
      4.3.1. Preço Vil no leilão da alienação fiduciária de bem imóvel   155
      4.3.2. Inaplicabilidade do artigo 53 do Código de Defesa do Consumidor na alienação fiduciária de bem imóvel   158

4.4. Pacto comissório na alienação fiduciária de bem imóvel 161
4.5. Alienação fiduciária em garantia de imóvel rural para pessoa estrangeira 164
4.6. Alienação fiduciária e sua constitucionalidade 172

CONCLUSÕES 177

BIBLIOGRAFIA 181

INTRODUÇÃO

A garantia para bens imóveis foi modernizada pela vigência da legislação que regula a alienação fiduciária, Lei n. 9.514 de 1997. Normalmente sendo estabelecida como um contrato acessório a um mútuo ou financiamento, a alienação fiduciária em garantia estabelece uma sistemática em que é possível a satisfação do crédito de forma muito mais célere e efetiva, sem a necessidade de qualquer intervenção do Poder Judiciário[1], tendo um grande impacto na promoção do financiamento imobiliário em geral.

Ted Luiz Rocha Pontes e Uinie Caminha analisaram o impacto econômico da alienação fiduciária em garantia de bem imóvel por meio dos dados da Associação Brasileira das Entidades de Crédito Imobiliário e Poupança — ABECIP. Os autores verificaram que a taxa de inadimplência dos contratos de financiamento imobiliário vem diminuindo consideravelmente desde o momento em que as instituições financeiras passaram a adotar prioritariamente a alienação fiduciária como mecanismo de garantia. Como evidência do adimplemento desses contratos, os autores demonstram que em um período de 10 (dez) anos, entre os anos de 2003 e 2013, referida a taxa de inadimplência reduziu de 11,20% para 1,80%.[2]

---

[1] Distingue-se, nesse contexto, da alienação fiduciária em garantia de bens móveis, prevista na Decreto-lei n. 911, de 1969 e no Código Civil, em que, via de regra, necessário se faz o ingresso de ação de busca e apreensão do bem, o que implica em empecilhos para que ocorra a alienação extrajudicialmente.

[2] Pontes, Ted Luiz Rocha. Caminha, Uinie. Uma análise econômica da alienação fiduciária em garantia dos bens imóveis. SCIENTIA IURIS, Londrina, v.20, n.1, 2016. p. 239-240.

Esses números são — possivelmente — um reflexo dos procedimentos extrajudiciais estabelecidos pela alienação fiduciária em garantia de bens imóveis quando há o inadimplemento por parte do devedor fiduciante, o que acarreta maior rapidez para os credores fiduciários retomarem seu crédito, sem depender da longa espera típica das disputas judiciais.

A importância, relevância e atualidade do tema a ser abordado e desenvolvido nesta obra estão inseridas no contexto de existir, nos últimos anos, — em especial no ano de 2019,[3] com o reaquecimento da economia — um *boom* no mercado imobiliário brasileiro, bem como de incentivo governamental para facilitar a concessão de crédito no mercado, que movimentou o maior volume financeiro dos últimos quinze anos com a cifra de aproximadamente R$ 7,8 bilhões.[4]

Corroborando a importância da aplicabilidade da alienação fiduciária em garantia de bem imóvel, José Carlos Baptista Puoli afirma que *"a prática demonstra haver, ainda hoje, várias decorrências de sua aplicação que geram polêmica. Daí sua atualidade e importância"*.[5]

Diante desse cenário, é de se questionar em que medida os procedimentos extrajudiciais estabelecidos pela legislação ao instrumento da alienação fiduciária se mostram realmente seguros e eficazes no que tange a garantia do crédito para o qual ela foi instituída. Ademais, imperioso analisar como as instituições financeiras estão se utilizando da execução extrajudicial inerente à alienação fiduciária para recuperar seu

---

[3] A esse respeito, veja reportagem da Folha de São Paulo apontando que, em 2019, registrou-se o recorde de alvarás para a construção de imóveis (disponível em https://www1.folha.uol.com.br/mercado/2020/02/sao-paulo-registra-recorde-de-autorizacoes-para-construcao-de-edificios-em-2019.shtml acessado em 26/2/2020). No mesmo sentido, o relatório divulgado pelo SECOVI — Sindicado da Habitação aponta recorde de lançamentos e vendas de unidades imobiliárias em São Paulo-SP ao longo de 2019 (disponível em https://www.secovi.com.br/downloads/pesquisas-e-indices/pmi/2020/arquivos/tex_2019-12.pdf, acessado em 2/2/2020).

[4] Conforme último relatório mensal divulgado pela Associação Brasileira das Entidades de Crédito Imobiliário e Poupança — ABECIP, os financiamentos imobiliários com recursos das cadernetas do Sistema Brasileiro de Poupança e Empréstimo (SBPE) atingiram R$ 7,78 bilhões em novembro de 2019, sendo o melhor resultado desde maio de 2005 (disponível em https://www.abecip.org.br/admin/assets/uploads/anexos/data-abecip-2019-11.pdf, acessado em 3/1/2020).

[5] Chulam, Eduardo. Alienação fiduciária de bens imóveis. São Paulo. Almedina. 2019. p. 9.

crédito, como os devedores fiduciantes vêm reagindo a essa modalidade de atuação, mas, principalmente, como o Poder Judiciário tem resolvido essas controvérsias entre o credor fiduciário e o devedor fiduciante.

Para tanto, a presente obra analisará — sem, contudo, ter a pretensão de esgotar o tema — as principais questões processuais decorrentes dos procedimentos atinentes à alienação fiduciária que atualmente estão sendo discutidas perante os tribunais brasileiros, especialmente no Colendo Superior Tribunal de Justiça.

Assim, no segundo capítulo haverá um breve exame das origens históricas da alienação fiduciária de bem imóvel, que auxiliará na compreensão de sua configuração atual, além de ser possível vislumbrar que parte das respostas a estes questionamentos atuais se encontram justamente quando se compreende a evolução histórica do instituto.

Serão abordados neste capítulo a *fiducia* do direito romano, por meio da *fiducia cum amico* e da *fiducia cum creditore*; para em seguida traçar semelhanças e distinções com o *treuhand* (ou penhor de propriedade) do direito germânico, com o *mortgage, chattel mortgage, trust* e *trust receipt* do direito inglês e, ainda, com a *wadiatio* do direito espanhol. Em seguida, para arrematar as importantes questões históricas, será explicitado a utilização do instituto no direito brasileiro, que como se verá, teve início com a positivação da alienação fiduciária em garantia de bens móveis no mercado de capitais, por meio da Lei 4.728, de 14 de julho de 1965.

Ulteriormente, no terceiro capítulo, buscará a compreensão do negócio fiduciário — gênero da qual alienação fiduciária em garantia de bem imóvel é a espécie —, com sua conceituação, classificação, tipificação, bem como o distinguindo da propriedade fiduciária. Haverá, ainda, uma breve explanação sobre a diferenciação do negócio fiduciário para o negócio simulado e negócio indireto, questão que ao longo dos anos houve grande debate doutrinário.

No próximo capítulo, ou seja, no quarto a alienação fiduciária em garantia de bem imóvel será destrinchada em seus principais aspectos: (i) seu conceito; (ii) seus elementos essenciais; (iii) os deveres e as obrigações do devedor fiduciante e do credor fiduciário; (iv) as formas para sua resolução e suas respectivas consequências; (v) os procedimentos de cada fase da consolidação da propriedade e da alienação do bem dado em garantia. Em decorrência da apresentação desses elementos, algumas das questões controvertidas relacionadas aos procedimentos de cada uma dessas fases serão apontadas, apenas para alertar da existência da divergência a respeito.

Isso porque, no quinto capítulo, após feitas as colocações introdutórias e explanações necessárias para boa compreensão do instituto, será possível adentrar de forma mais detalhada e pormenorizada em algumas das questões processuais tidas por controvertidas sobre a própria alienação fiduciária em garantia, bem como dos procedimentos estabelecidos para cada uma das fases.

Portanto, serão analisadas e discutidas neste capítulo as questões processuais referentes às ações cabíveis quando há a recusa do devedor fiduciante em desocupar o imóvel depois de ter inadimplido a obrigação de pagar a dívida e, eventualmente, quando a recusa for do locatário (proveniente de contrato firmado com o devedor fiduciante). Outrossim, explicitará as medidas disponíveis ao devedor fiduciante em razão da recusa do credor fiduciário em fornecer o termo de quitação, bem como em repassar ao devedor fiduciante o saldo que sobejar a dívida quando exitoso algum dos leilões.

Além disso, buscando trazer a visão do Poder Judiciário sobre cada uma das questões, serão abordadas a vedação ao pacto comissório e sua aplicação na alienação fiduciária, as consequências da adjudicação do imóvel alienado fiduciariamente pelo credor fiduciário, a possibilidade de aplicação da teoria do adimplemento substancial do contrato no instituto estudado e, ainda, a controvertida alienação fiduciária em garantia de imóvel rural para pessoa estrangeira.

Deste modo, o objetivo do capítulo será reunir, apontar e instigar o aprimoramento e estudo de tais questões — porém, sem qualquer pretensão de esgotá-las ou elucidá-las por completo —, dadas as suas peculiaridades que se prestam a um ponto de partida para, em sendo pertinente, o aprofundamento específico de cada questão processual apontada em trabalho específico.

Por fim, os últimos dois capítulos do trabalho trarão, respectivamente, a conclusão e a bibliografia que serviu de base para a pesquisa e elaboração desta obra.

1. BREVES CONSIDERAÇÕES DA ORIGEM HISTÓRICA

Antes de adentrar propriamente na análise da alienação fiduciária em garantia de bem imóvel e nas questões processuais a ela relacionadas, faz-se necessário tecer breves considerações de sua origem histórica, sem que isso, contudo, implique qualquer pretensão ou tentativa de esgotar a explanação sobre a narrativa histórica da figura em estudo.

Como será mais bem abordado em capítulo subsequente, cabe ainda estabelecer que a presente obra parte da premissa que a figura da alienação fiduciária é classificável como sendo uma das espécies do gênero dos negócios fiduciários.

Este entendimento não sugere o desconhecimento da divergência doutrinária sobre referida tipificação existente entre Alfredo Buzaid[6] e Renan Miguel Saad,[7] por exemplo, apenas se fazendo necessária para justificar a evolução histórica da alienação fiduciária especificada adiante.

---

[6] "A alienação fiduciária em garantia é uma espécie do gênero negócio fiduciário". BUZAID, ALFREDO. Ensaio sobre a alienação fiduciária em garantia, ACREFI. São Paul. 1969, p. 2-3.

[7] Para quem, por não estar presente o elemento da confiança, a alienação fiduciária em garantia não poderia ser classificada como negócio fiduciário. "Nesta ordem, cabe infirmar que a alienação fiduciária não é espécie de negócio fiduciário e sim direito real de garantia de categoria autônoma e que se identifica por ser acessório a um negócio jurídico principal e conferir a garantia ao credor através da transferência resolúvel da propriedade" (SAAD, RENAN MIGUEL. A alienação fiduciária sobre bens imóveis. Rio de Janeiro: Renovar, 2001. p. 79).

1.1. Direito romano

A alienação fiduciária tem sua origem na figura do instituto da *fidúcia* do Direito Romano,[8] tendo, de acordo com Alfredo Buzaid, seu primeiro registro nas Lei das Doze Tábuas.[9]

Antes disso, como assevera Otto de Sousa Lima, "*a fidúcia, fundada sobretudo na lealdade e na confiança foi, de início, uma convenção, ligada a um ato solene, constituindo uma cláusula secreta, que, por isso mesmo, em sua origem, foi desprovida de qualquer sanção legal*".[10]

De uma forma geral, a *fiducia* estava intimamente ligada à *mancipatio* ou à *in iure cessio*[11] e, por meio dela, uma das partes — *fiduciário* — recebia, por confiança e lealdade, uma coisa de propriedade e titularidade da outra parte — *fiduciante* —, prometendo aquele primeiro, por meio de

---

[8] A respeito da origem da alienação fiduciária, ou, propriamente, do negócio fiduciário, importante colacionar a ponderação de WALDEMAR FERREIRA, que assevera: "Foi essa quiçá primeira fórmula do que hoje se tem como negócio fiduciário. Vendia o fiduciário pro forma a herança ao fideicomissário; e, para a segurança de seus direitos e obrigações recíprocos, se estipulavam as garantias usuais nas vendas de heranças. Mas tudo isso era relativo. O fiduciário era sempre o titular dos direitos e obrigações do defunto, expondo-se às conseqüências prejudiciais dessa obrigação e podendo, de resto, abusar e m prejuízo do fideicomissário" (FERREIRA, WALDEMAR. O trust anglo-americano e o fideicomisso latino-americano. Revista da Faculdade de Direito da Universidade de São Paulo, v. LI, 1956. p. 193-194. Disponível em http://www.revistas.usp.br/rfdusp/article/view/66250, acessado em 19/10/2019).

[9] BUZAID, op. cit. 1969. p. 7.

[10] LIMA, OTTO DE SOUSA. Negócio Fiduciário. São Paulo: Revista dos Tribunais, 1959, p. 9.

[11] A respeito dessas duas formas de transferência de propriedade, FÁBIO QUEIROZ PEREIRA, resume: "A primeira [mancipatio] revela-se como o primeiro ato formal de transferência da propriedade. Vieira Cura aduz que a mancipatio (ou, primitivamente, mancipium) começou por ser a forma solene usada para realizar uma compra e venda real, traduzida na troca imediata da coisa contra o preço (...). Tinha por objeto a aquisição, por qualquer causa, da propriedade sobre res mancipi ou do poder sobre certas pessoas (CURA, 1991, p. 6). Já a segunda modalidade formal, a in iure cessio, revelava-se como um ato de aparências. (...) Consistia, na verdade, numa reivindicação fingida (lis imaginaria) que se realizava in iure (perante o pretor ou governador da província). O adquirente (reivindicante fingido) afirmava ser o proprietário; perante a falta de contestação do alienante, o magistrado adjudicava a coisa ao adquirente; terminando o processo com a addictio. A in iure cessio tinha caráter abstrato; não relevava a causa da reivindicação fingida, podendo, por isso, ser utilizada como modo geral de aquisição da propriedade — tanto de res mancipi como de res nec mancipi". (in "Fidúcia: origem, estrutura e tutela no Direito Romano". Revista Justiça & História do TJRS, Vol. 10 — n. 19 e 20, 2010, p. 20-21).

mera convenção, a restituir a referida coisa ao segundo depois de verificada determinada condição pré-estabelecida entre ambas as partes.

Como pondera Fábio Queiroz Pereira,[12] há discussão entre os doutrinadores romanistas quanto à caracterização da fidúcia como um contrato real (*contractus*), ou, por ser tratar de mera convenção entre as partes, seria melhor classificável como pacto, mais precisamente, *pactum fiduciae*.[13] Esta classificação tinha importância no Direito Romano para verificar quais as medidas que o fiduciante poderia tomar nos casos em que, por exemplo, o fiduciário se recusava ou simplesmente não restituía a coisa quando verificada a condição estipulada.

Importante consignar que no Direito Romano os escravos também eram considerados coisas, de modo que também podiam ser objeto de "transferência" com *fidúcia*, isto é, tendo sido estabelecida por convenção a promessa de serem restituídos em momento ulterior.[14]

Por assim o ser, várias foram as formas pelas quais a fidúcia era utilizada no Direito Romano, como exemplifica Alfredo Buzaid:

> *Ela [fidúcia] servia a dar garantia real a um credor, mediante a transferência da propriedade da coisa; a realizar um depósito, entregando a coisa a pessoa de confiança; a efetuar uma doação causa mortis causa (D. 39.6.42 pr.); ou a transferir temporariamente a propriedade de um escravo com a obrigação de manumiti-lo. Mas dentre todas as funções que exerceu desde o direito romano até a legislação contemporânea, nenhuma sobreexcede, por sua importância prática e frequência de uso, à de constituir garantia de crédito mediante a alienada da propriedade da coisa, que o fiduciário se compromete a restituir ao devedor tanto que satisfeita a dívida.*[15]

---

[12] PEREIRA, FÁBIO QUEIROZ. op. cit., p. 20-21.
[13] Ainda a esse respeito, OTTO DE SOUSA LIMA tece longos comentários e esclarece de forma muito elucidativa a divergência entre CARLO LONGO e RENÉ JACQUELIN sobre a classificação da fidúcia como sendo contractus ou mero pactum. (Op. cit. 1959. p. 77-88).
[14] "Os homens podiam ser livres ou escravos, conforme as regras do direito romano. Eram livres aqueles que não eram escravos. Esses últimos não podiam ser sujeitos de direito; eram apenas objeto de relações jurídicas. Não podiam ter direitos ou obrigações, nem, tampouco, relações familiares no campo do direito" (MARKY, THOMAS. Curso elementar de direito romano. 2. ed. São Paulo: Resenha Tributária, 1974, p. 48).
[15] BUZAID, ALFREDO. op. cit. 1969. p. 4.

Melhim Namem Chalhub aponta a existência de duas modalidades de fidúcia: *fiducia cum amico* e *fiducia cum creditore*.[16] Naquela (*fiducia cum amico*) ocorria a transferência da propriedade da coisa para um "amigo" (fiduciário) do proprietário original e aquele (amigo) tinha por obrigação proteger, guardar e preservar o bem por determinado tempo, ou, então, até que não mais se vislumbrasse a ameaça iminente que deu origem à celebração da fidúcia, para então restituir o bem ao proprietário original (fiduciante). Tal figura também deu origem aos institutos hoje conhecidos como comodato, depósito, doação e até a emancipação do poder familiar.

Já a *fiducia cum creditore* muito se assemelhava ao penhor ou a hipoteca, de modo que a coisa do devedor (proprietário original — fiduciante) era efetivamente transferida — na confiança — para o credor (fiduciário) como forma de garantir determinada dívida; entretanto, desde logo, convencionava-se que se dentro de determinado prazo o devedor efetuasse o pagamento da dívida, o credor restituiria o bem dado em garantia.

Ocorre que, no entanto, na *fiducia cum creditore*, como ocorria efetivamente a transferência da propriedade para o credor fiduciário por ato solene, este estava livre para comercializar a coisa recebida em garantia, podendo, inclusive aliená-la para terceiros, sem que, por outro lado, o devedor fiduciante pudesse adotar qualquer atitude para impedir. Caso a coisa dada em garantia se perdesse, seja pela alienação ou não, surgia para o credor fiduciário o dever de indenizar o devedor fiduciante.

Mister notar que, em ambas as modalidades, ulteriormente à ocorrência da condição — seja o pagamento da dívida pelo devedor, seja a cessação da ameaça outrora vislumbrada — o fiduciário (amigo ou credor) tinha a obrigação de restituir a propriedade do bem transmitido ao fiduciante (proprietário original, devedor). Veja, portanto, que a restituição tinha natureza obrigacional.

Complementando a definição destas duas modalidades, Otto de Sousa Lima[17] explica que na *fiducia cum amico*, por apenas objetivar a guarda da coisa por determinado período de tempo, sempre seria possível a *usureceptio*, isto é, a usucapião especial, em que, após o decurso do prazo de

---

[16] CHALHUB, MELHIM NAMEM, Negócio Fiduciário. 5ª ed. — Rio de Janeiro: Forense, 2017, p. 9.
[17] LIMA, OTTO DE SOUSA, op. cit. 1959. p. 30-32.

um ano, poder-se-ia recuperar a coisa transferida ao amigo. Já na *fiducia cum creditore*, como visava a garantir um débito, a *usureceptio* somente poderia ser utilizada pelo devedor fiduciante se e quando tivesse quitado a dívida e as partes tivessem estipulado que o devedor fiduciante permaneceria na posse da coisa dada em garantia.

Como destacado por Fábio Queiroz Pereira, juntamente com a *fiducia cum creditore*, as partes costumavam ainda convencionar a instituição do *pactum de vendendo*, por meio do qual o credor fiduciário estava autorizado, desde o início, a alienar a coisa dada em garantia, na hipótese de inadimplemento por parte do devedor fiduciante, utilizando o produto da venda para satisfação da dívida garantida.[18]

Em suma, como bem pontuado pelo Alfredo Buzaid, "*a fidúcia representa, portanto, em direito romano, um dos meios típicos de garantia real, ao lado do penhor e da hipoteca e (...) precedeu historicamente outras garantias reais, sem excetuar o pignus*".[19]

Como se verá adiante, as características da fidúcia romana serviram de grande influência para a instituição da alienação fiduciária no ordenamento jurídico brasileiro.

1.2. Direito germânico

Muitos dos estudiosos do instituto da alienação fiduciária afirmam, praticamente em consenso, que a figura da "fidúcia" existente no direito germânico, denominada "penhor de propriedade" ou *treuhand*, teve origem naquela do direito romano, mais especificadamente a *fiducia cum creditore*. Entretanto, estes mesmos doutrinadores reconhecem que, apesar da semelhança em garantir o pagamento de dívida, ambos os institutos possuíam substanciais e importantes diferenças.

Assim, tem-se que no direito germânico, tal como no direito romano, o devedor fiduciante também transferia ao credor fiduciário (*treuhander*) a propriedade de um bem como garantia de uma dívida; no entanto, juntamente com a transmissão, as partes já estabeleciam uma condição resolutiva de que quitada a dívida, a propriedade do bem retornava automaticamente ao devedor fiduciante.

---

[18] PEREIRA, FÁBIO QUEIROZ. op. cit., p. 25.
[19] BUZAID, ALFREDO. op. cit. 1969. p. 11.

Veja, portanto, que são grandes as similitudes com a *fiducia cum creditore* com *pactum fiduciae* do direito romano. Entretanto, a principal distinção está no fato de que no *penhor de propriedade* do direito germânico, a propriedade adquirida pelo credor fiduciário tinha limitações ante seu caráter resolutório, que possuía eficácia *erga omnes*.

Esta eficácia *erga omnes* da propriedade resolúvel é justamente o ponto central que diferencia a *treuhand* da *fiducia* do direito romano, já que, como acima asseverado, nesta última o credor fiduciário recebia a propriedade plena da coisa transmitida, podendo dela livremente dispor. Tanto assim, que, caso o credor fiduciário alienasse a coisa dada em garantia, caberia ao devedor fiduciante somente pleitear indenização pela perda desta coisa.

Sobre a distinção entre os dois institutos, Melhim Namem Chalhub assevera de forma muito precisa:

> *Com efeito, na fidúcia romana, o fiduciário recebia um ilimitado poder jurídico sobre a coisa, sendo certo que, se dispusesse da coisa arbitrariamente, sem observância do pactum fiduciae, não se dava ao fiduciante senão o direito de haver a reparação das perdas e danos. Já no direito germânico o poder jurídico do fiduciário é limitado pelo caráter resolutório da propriedade que recebe, que tem eficácia erga omnes, de modo que eventual alienação arbitrária, por parte do fiduciário, era considerada ineficaz, daí por que o fiduciante retomava a propriedade da coisa por efeito da condição resolutiva.*[20]

De forma complementar, Otto de Souza Lima pondera que há "*assim, acentuada diferença entre o fiduciário romano e o germânico. Aquele torna-se titular pleno da propriedade e este, embora com direto real sobre ela, tinha, apenas, uma propriedade limitada*".[21]

Todavia, apesar das semelhanças, Jose Carlos Moreira Alves leciona que o penhor de propriedade estabelecido no direito germânico não pode ser confundido, nem classificado como negócio fiduciário propriamente dito. E isso porque, no direito alemão, a transmissão da propriedade pelo devedor fiduciante ocorre não pela confiança que este depo-

---

[20] CHALHUB, MELHIM NAMEM, op. cit. p. 14.
[21] LIMA, OTTO DE SOUZA. op. cit. 1959. p. 133.

sita no credor fiduciante, mas sim na *fides* que aquele possui no sistema jurídico em si.[22]

Trazendo novamente os ensinamentos de Alfredo Buzaid, assim sintetiza que *"nos dois sistemas jurídicos, a fidúcia era uma garantia real mediante transmissão da coisa. Mas, enquanto no sistema romano a alienação era incondicional, só existindo uma obrigação pessoal de restituição sujeita à extinção da dívida, já em direito germânico a coisa era transmitida sob condição resolutiva de pagamento de dívida; assim, pois, cumprida a condição, a propriedade voltava ao alienante"*.[23]

1.3. Direito inglês

Além do direito germânico ter incorporado e adotado em seu sistema instituto que muito se assemelha à *fiducia* romana, também é possível constatar a existência desta no direito inglês, por meio das figuras do *mortgage* e do *trust*.

Tal como na origem, em que a *fiducia* do direito romano estava intimamente ligada à confiança que o devedor fiduciante depositava no credor fiduciário, no direito inglês, seja o *mortgage*, seja o *trust*, há também de existir entre os contratantes a *confiança*, traduzida na palavra "trust".

De forma simplista, a distinção entre os institutos está no fato de que no *mortgage*, o devedor (fiduciante) transferia a propriedade de um bem ao credor (fiduciário) como forma de garantir o pagamento de um débito; paralela e concomitantemente, as partes também fixavam um pacto no qual o credor (fiduciante) se obrigava a devolver o bem dado em garantia.

Já no *trust*, por outro lado, uma pessoa denominada *settlor* (instituidor) transferiria a propriedade de um bem para o *trustee* para que este cuidasse e preservasse o bem em benefício de um terceiro, chamado *beneficiary* ou *cestui que trust*. Ou seja, não havia a intenção das partes em garantir uma eventual dívida, tal como no *mortgage*.[24]

---

[22] ALVES, JOSÉ CARLOS MOREIRA. Da alienação fiduciária em garantia. 2 ed. rev., atual. e aum. Rio de Janeiro: Forense. 1979. p. 23.
[23] BUZAID, ALFREDO. op. cit. 1969. p. 19.
[24] POLILLO, RENATO ROMERO. Alienação fiduciária de bens imóveis. São Paulo. Dissertação de Mestrado em Direito. Faculdade de Direito da Universidade de São Paulo. 2013. p. 21.

1.3.1. *Mortgage*

Quanto ao *mortgage* aqui analisado, importante, de plano, trazer o esclarecimento destacado por Otto de Sousa Lima, em que assevera que é sua figura clássica que se assemelha à *fiducia* do direito romano. Isso porque, a *mortgage* moderna, prevista na *Law of Property Act* (1925), *"por sua estrutura e por suas funções, mais se aproxima de nossa hipoteca"* sendo, assim, *"um simples direito real de garantia"*.[25]

Com esse esclarecimento, tem-se que no *mortgage clássico*, as partes que compõem o instituto são denominadas *feoffee* ou *mortgage* — no lado da figura do credor fiduciário —, e, do outro lado, na figura do devedor fiduciante, está o *feoffor* ou *mortgagor*. Deste modo, seguindo a mesma lógica dos institutos mencionados anteriormente, o *feoffee* recebia a propriedade de um imóvel (*real property*) por meio do *feoffment with livery sesin* visando a garantir o pagamento de um valor devido pelo *feoffor*.

Renato Romero Polillo citando William Searle Holdsworth,[26] assevera que, à época, o *mortgage* poderia ser instituído de três formas distintas: (i) por meio de pagamento de aluguel, ou seja, o *feoffor* pagava ao *feoffee* determinada quantia, como se aluguel fosse, e com isso esses pagamentos abatiam do total da dívida, assim como remuneravam o credor *feoffee*; (ii) outra possibilidade era o *feoffor* efetivamente transferir a posse do imóvel, de modo que, se não houvesse o pagamento da dívida, haveria a consolidação da propriedade em nome do credor *feoffee* como forma de pagamento da dívida; e, por fim, a forma mais utilizada, era aquela em que (iii) o *feoffor* transferia a propriedade ao *feoffee* com a condição de que, sendo a dívida integralmente quitada no prazo estipulado, haveria a restituição ao *feoffee* da propriedade do imóvel anteriormente transferida.

Veja, que no *mortgage* clássico, o devedor fiduciante (*feoffor*), a depender da forma de instituição do *mortgage*, permaneceria tanto com a propriedade, como também com a posse do bem imóvel, vindo a perder o direito sobre ambos — propriedade e posse — se, e somente se, deixasse de efetuar o pagamento do débito no prazo e forma estabelecidos.

---

[25] LIMA, OTTO DE SOUZA. op. cit. 1959. p. 149.
[26] HOLDSWORTH, WILLIAM SEARLE. A History of English Law. Oxford at the Claredon Press, 1927, p. 70-71 apud POLILLO, RENATO ROMERO. op. cit. p. 22-23.

Nessa hipótese, o credor fiduciário (*feoffee*) passaria a ter pleno direito sobre o bem imóvel em questão.

Outra questão que merece destaque é o fato de que, no *mortgage*, inexistia qualquer tipo de proteção para o *feoffor* (devedor fiduciante) por eventual descumprimento pelo *feoffee* (credor fiduciário) da obrigação moral de devolver o imóvel quando do pagamento da dívida.

Portanto, muitas são as semelhanças do *mortgage* clássico do direito inglês com a *fiducia cum creditore* do direito romano, o que, inclusive é destacado por Melhim Namem Chalhub, que assevera que ambos *"tinham como antecedente lógico um vínculo obrigacional entre fiduciante e fiduciário, no qual o fiduciante tinha a qualidade de devedor da prestação e o fiduciário a de credor, sendo essa a obrigação que se tratava de garantir".*

Entretanto, referido autor pondera ainda que *"a condição resolutiva presente no antigo direito inglês dava ao* mortgage *uma característica peculiar que, embora pudesse aproximá-lo do penhor de propriedade do direito germânico, o distanciava da* fiducia cum creditore, *pois, efetivamente, no* mortgage *o direito do fiduciário era destinado a resolver-se automaticamente, se e quando o fiduciante pagasse a dívida no prazo contratado".*[27]

A principal razão pela qual existia essa diferença entre os dois institutos mencionados decorre da criação, no direito inglês, do chamado *equity of redemption* para as circunstâncias em que o *feoffor* (devedor fiduciante), ao não quitar a integralidade da dívida quando findo o prazo estabelecido, perderia por absoluto e inexoravelmente a propriedade do bem transferido, de forma plena e ilimitada, ao *feoffee* (credor fiduciário).

Diante dessa sensação de relativa *injustiça*, conforme ensina Otto de Souza Lima, passou-se a considerar inserido em todo o *mortgage* o *equity of redemption*, *"através do qual o devedor poderia, ainda depois de vencido o prazo marcado para pagamento de sua obrigação, exercer seu direito de restituição dentro de um têrmo razoável — no máximo de 12 anos — desde que pagassem além do capital, todos os juros acumulados e os danos decorrentes da mora".*[28]

Seguindo, Otto de Souza Lima constata que, pretendendo não gerar uma situação de desvantagem para o credor *feoffee*, estabeleceu-se que este poderia provocar o devedor *feoffor* a se manifestar se utilizaria da *equity of redemption* ou não; passado o prazo estabelecido para a manifes-

---

[27] CHALHUB, MELHIM NAMEM, op. cit. p. 16.
[28] LIMA, OTTO DE SOUZA. op. cit. 1959. p. 144-145.

tação e permanecendo o devedor silente, estaria ele vedado de pleitear a restituição do bem transferido, perdendo-o em definitivo.[29]

De forma sintética, Paulo Restiffe Neto e Paulo Sérgio Restiffe asseveram que "*o mortgage aglutina e sintetiza harmonicamente as duas origens históricas (romana e germânica) aperfeiçoadas, como que oferecendo um modelo híbrido 'reciclado' de direito real de garantia fiduciária mais próxima da raiz germânica, por ter caráter acessório (pacto adjeto); isto é, a função de garantia pressupõe um direito de crédito como relação obrigacional subjacente da qual depende.*"[30]

1.3.1.1 *Chattel Mortgage*

Ainda no direito inglês, existia a figura da *chattel mortgage*, que, em síntese, também estabelecia a possibilidade de um devedor transferir para o credor propriedade de um bem como forma de garantir uma dívida, mas prevendo, desde o início, a possibilidade de a propriedade do bem regressar ao devedor caso efetuasse o pagamento da dívida. Distingue-se do *mortgage* na medida que era instituído sobre coisa móvel.

Sobre este referido instituto, Jose Carlos Moreira Alves afirma que no *chattel mortgage*:

> [...] *a propriedade legal (legal property) da coisa móvel é transferida ao credor (mortgage) mediante um bill of sale (ato de venda) que — devidamente atestado por uma testemunha digna de fé — deve ser, sob pena de nulidade, dentro de sete dia, a conta da data de assinatura, na Inglaterra, no Bill of Sale Department da Suprema Corte, e, em alguns Estados norte-americanos que exigem a inscrição, em registros especiais. O devedor (mortgagor) fica, porém, com a propriedade substancial (equitable property) e a posse da coisa, e, se pagar o débito, recupera a propriedade legal; caso contrário, o credor, pelo direito comum (Common Law), se torna proprietário pleno da coisa.*[31]

Seguindo a mesma linha de raciocínio, Renato Polillo, citando Samuel Watkins Eager, alude que a *chattel mortgage* era vista mais como uma venda condicionada (*conditional sale*), com a transferência da pro-

---

[29] LIMA, OTTO DE SOUZA. op. cit. 1959. p. 145.
[30] RESTIFFE NETO, PAULO, RESTIFFE, PAULO SÉRGIO. Garantia fiduciária. 3. ed. São Paulo: RT, 2000, p. 30-31.
[31] ALVES, JOSÉ CARLOS MOREIRA. op. cit. 1979. p. 29-30.

priedade de um bem móvel (*personal property*). Tal transferência visava a garantir uma dívida, com o adicional de existir um acordo, por vezes implícito, de que o bem seria restituído ao proprietário original com o pagamento da dívida.[32]

Como se nota, a *chattel mortgage* possui as mesmas características da *mortgage* clássica, quais sejam, a transferência da propriedade do devedor fiduciante ao credor fiduciário, com o objetivo de garantir uma dívida, que, sendo totalmente paga, acarretaria a restituição da coisa ao proprietário original (devedor). A distinção existente entre ambos está no fato de que a *chattel mortgage* recai, essencialmente, sobre um bem móvel.

1.3.2. *Trust*

Conforme acima assentado, no direito anglo-saxão, duas eram as figuras que se assemelhavam à *fiducia* romana: o *mortgage* clássico — já explicitado no item antecedente — e o *trust*.

O *trust* tem maior relevância na medida que, além de possuir aplicação muito mais ampla e aberta, ainda é utilizado hodiernamente, não só nos países do *common law*, mas também, em certa medida e com restrições específicas, nos países em que o sistema jurídico tem origem romana ou germânica.

Assim, o *trust* tem sua origem relacionada com o então instituto existente, qual seja, o *uses*,[33] que, nas palavras de Melhim Namem Chalhub,

---

[32] EAGER, SAMUEL WATKINS. The law of the chattel mortgages and sales and trust receipts with forms. 1941, Buffalo: Law Book Publishers, p. 4 apud POLILLO, RENATO ROMERO. op. cit. p. 28.

[33] Sobre a origem do uses, MARIA SERINA AREAIS DE CARVALHO, pondera que "Segundo Eduardo Salomão Neto [O trust e o direito brasileiro. São Paulo: LTr, 1996] com a invasão dos normandos em 1066 as terras da nobreza anglo-saxônica foram entregues ao rei e redistribuídas a novos possuidores — "tenants" — que constituíam as denominadas tenures, as quais podiam ser livres ou não livres. Não configuravam a propriedade plena, que somente o monarca dispunha, mas originavam os "estates" relações jurídicas que poderiam ser ou não sucessíveis aos herdeiros. Outros "tenants" poderiam ser instituídos pelo titular de uma "tenure". Ao suserano por ocasião da sucessão eram concedidos importantes direitos advindos dos imóveis do "tenant", dentre eles: o "escheat", o "relief", o "wardship" e o "marriage". Os direitos reais do vassalo sofriam restrições quanto à escolha do sucessor. Ao lado da proibição das ordens monásticas de adquirirem bens. Tais situações levaram ao mecanismo de entrega dos bens a um terceiro em caráter fiduciário, administrando-os em favor do cedente

"se definem como uma relação jurídica pela qual uma pessoa (feoffee to use) era investida, segundo a common law, de poder jurídico cujo exercício deveria beneficiar economicamente outra pessoa (cestui que use)".[34]

Com o tempo e em razão da promulgação do *Statute of Use*, o *uses* deixou de ser utilizado. Surgiu então, o *trust*, que na tradução literal, significa *confiança*, justamente por estar relacionado à fidúcia que se depositava na pessoa investida para administrar o patrimônio de outrem em favor de um terceiro. Posto isso, então, é possível extrair a definição de *trust* como sendo a transferência da propriedade de um bem pelo instituidor (*settlor*) para uma pessoa de confiança (*trustee*), para que este administre esse bem — segundo as determinações definidas pelo *settlor* — em favor e em benefício econômico de uma terceira pessoa (*beneficiary* ou *cestui que trust*).

Novamente, importante observar que o *settlor* efetivamente transferia a propriedade do bem para o *trustee* na confiança de que ele procederia conforme os encargos que lhe foram impostos. Desse modo, após a transmissão, o *settlor* não tinha mais qualquer ingerência sobre o bem e sobre a sua destinação, gerando os mesmos problemas verificados na *fiducia cum creditore* no direito romano.

Como se nota, o *trust* possuía uma caraterística que o diferenciava dos demais institutos até aqui estudados, na medida que há, necessariamente, uma terceira pessoa envolvida para além das duas partes principais. O bem era transferido pelo *settlor* para o *trustee* não mais com o objetivo de garantir uma dívida, mas visando a beneficiar pessoa distinta do *settlor*, tendo um viés de proteger e ou de assegurar uma situação para o *cestui* que *trust*.

Inclusive, é possível notar semelhanças com a figura da *fiducia cum amico*, na qual a coisa era efetivamente transferida para um amigo visando a preservá-la de algum risco ou dano que o proprietário original temesse sofrer, como, por exemplo, o falecimento em razão de uma guerra.

Ainda sobre mencionada distinção do *trust*, ou seja, da existência de uma terceira pessoa na relação, Luiz Augusto Beck da Silva afirma que

---

ou de alguém por ele indicado". (CARVALHO, MARIA SERINA AREAIS DE. Propriedade Fiduciária: bens móveis e imóveis. Dissertação de Mestrado em Direito. Faculdade de Direito da Universidade de São Paulo. 2009. p. 24).

[34] CHALHUB, MELHIM NAMEM, op. cit. p. 21-22.

"apesar dos traços em comum, o trust distingue-se do negócio fiduciário, pois possui, em princípio, três figuras (settlor, trustee e beneficiário), dispensando o acordo de vontades. (...) Já o negócio fiduciário possui necessariamente, duas pessoas (fiduciante e fiduciário) e um acordo de vontades com base no fator fidúcia, recebendo a coisa para restituí-la ao fiduciante, o que não acontece com o trust, que beneficia, em regra, um terceiro".[35]

Com o passar do tempo, o direito inglês passou a permitir que, quando da instituição do *trust*, o *settlor* figura-se também como *cestui que trust*, concepção que perdura até atualmente. Com isso, o *settlor* transferia a propriedade do bem para o *trustee*, assumindo este a obrigação de, após verificada determinada condição, restituir a coisa ao próprio *settlor*.

Por estar inserido dentro do direito anglo-saxão, o *trust* evidenciava a possibilidade de divisão da propriedade da coisa em duas: a *legal property* (propriedade formal) e *equitable property* (propriedade de fruição). Desse modo, diante dessa dualidade, constata-se que a propriedade formal seria destinada ao *trustee*, ao passo que a propriedade de fruição ficaria com o *cestui que trust*.[36]

Em decorrência desta divisão da propriedade sobre a coisa, a *legal* e a *equitable property*, é que se entabulou a existência de uma segregação entre o patrimônio dado pelo *settlor* ao *trustee* e o próprio patrimônio deste último. A esse respeito, Melhim Namem Chalhub assevera que:

> [...] o trust implica a segregação de um patrimônio, e a consequente criação de um patrimônio de afetação, que não se confunde com o patrimônio do instituidor (settlor), permanecendo incomunicável no patrimônio do trustee. Dada essa estruturação, o trust assegura aos beneficiários uma especial proteção no gozo dos seus direitos, na medida em que esses são colocados fora do alcance dos credores do trustee. Na hipótese de insolvência do trustee, os bens objeto do trust não integrarão a massa concursal, por estarem submetidos a uma afetação que os vincula à finalidade definida no contrato.[37]

---

[35] SILVA, LUIZ AUGUSTO BECK DA. Alienação fiduciária em garantia: história, generalidades, aspectos processuais, ações, questões controvertidas, legislação e jurisprudência Rio de Janeiro: Forense, 5ª edição. 2001. p. 15.
[36] POLILLO, RENATO ROMERO. op. cit. p. 26.
[37] CHALHUB, MELHIM NAMEM, op. cit. p. 23.

Essa concepção do *trust*, muito ligada ao direito anglo-saxão, passou a ser adotada também pelos países que seguem a sistemática de origem romana, em que pese a existência de divergências conceituais importantes. Por conta dessa adoção a Conferência da Haia de Direito Internacional Privado (HccH), estabeleceu, por meio da "*Convention on the law applicable to trusts and on their recognition*", assinada em 1985, as "*disposições comuns quanto à lei aplicável ao* trust, *e a fim de lidar com as questões mais importantes concernentes ao reconhecimento destas relações*". O artigo 2º de referida convenção dispõe as características essenciais ao *trust*, quais sejam:[38]

a) os bens constituem um fundo separado e não são parte do patrimônio do curador;

b) títulos relativos aos bens do trust ficam em nome do curador ou em nome de alguma outra pessoa em benefício do curador;

c) o curador tem poderes e deveres, em respeito aos quais ele deve gerenciar, empregar ou dispor de bens em consonância com os termos do trust e os deveres especiais impostos a ele pela lei.

A reserva, pelo outorgante, de alguns direitos e poderes, e o fato de que o curador deve possuir seus próprios direitos como beneficiário, não são necessariamente inconsistentes com a existência do crédito.

Portanto, observa-se que a Convenção supramencionada — da qual, diga-se, o Brasil não é signatário —, reforça a ideia de que por meio do *trust* há a criação de uma separação entre o patrimônio do *trustee* e aquele do *instituidor* em favor do beneficiário, de tal forma que este patrimônio se mantém protegido contra as dívidas existentes em nome do *trustee*. Deveras, tal entendimento tem importância nos países cujos respectivos ordenamentos jurídicos têm origens romano-germânicas.

Essa característica, como se observará, também está presente na alienação fiduciária em garantia, haja vista que o imóvel alienado fiduciariamente não pode ser alienado para pagamento das dívidas do devedor fiduciante, mesmo nas hipóteses de falência ou de recuperação judicial deste último.

---

[38] Hague Conference on Private International Law, Convention on the law applicable to trusts and on their recognition, 1985, disponível em: https://www.hcch.net/pt/instruments/conventions/full-text/?cid=59.

1.3.2.1. *Trust Receipt*

O *trust* continuou a evoluir ao longo dos anos e de acordo com os costumes e ordenamento de cada país, de modo que, justamente em razão de sua maleabilidade, foi adotando diversas facetas, classificações e ou modalidades distintas. Dentre estas, tem-se o chamado *trust receipt*.

Seguindo a lógica do *trust* tradicional e dos demais institutos até aqui estudados, por meio do *trust receipt* o devedor (na fidúcia) transferia um bem ao credor, contudo, a posse deste bem permanecia consigo. Sobre isso, Maria Helena Diniz[39] disciplina que:

> *o trust receipt requer a presença de um vendedor, de um comprador e de um financiador, por ser operação para obter financiamento de compra de mercadorias, em que há transferência da propriedade do bem do vendedor para o financiador (em regra entidade financeira), que a entrega ao adquirente, deste recebendo documento (trust receipt), onde se declara que o comprador ficará possuindo em nome do financiador a coisa adquirida que será posteriormente alienada pelo comprador para com o produto da venda pagar o valor do financiamento.*

Novamente se destaca que a operação do *trust receipt* está indissociavelmente ligada à confiança existente entre as partes, já que o vendedor de má-fé poderia vender os produtos transferidos, permanecendo para si com o produto da venda e não efetuando o pagamento para o financiador.

Orlando Gomes pondera que "*o financiador garante-se, com o trust receipt, em virtude de registro do respectivo documento através do qual os demais credores do revendedor podem saber que as mercadorias (...) garantem o financiamento, liberando-as à medida que se forem vendendo*".[40]

Ao se analisar o *trust receipt*, é fácil observar diversas semelhanças com a alienação fiduciária em garantia praticada no Brasil — e que será melhor abordada adiante — seja em razão de em ambos os institutos o devedor fiduciante ter pleno poder de gozo e uso da coisa, seja porque este se apresenta perante a sociedade como efetivo proprietário, seja,

---

[39] DINIZ, MARIA HELENA. Tratado teórico e prático dos contratos. v.5. 4. ed. São Paulo: Saraiva, 2002, p. 60-61.
[40] GOMES, ORLANDO. Alienação fiduciária em garantia. São Paulo: Editora Revista dos Tribunais, 2ª edição. 1971, p. 19.

também, em razão de em ambos se realizar o financiamento visando à aquisição da coisa alienada.

No entanto, como ponderado por Orlando Gomes, "*acentuando a semelhança, mas, ainda assim, não se confundem os dois institutos*".[41] E Alfredo Buzaid ainda complementa que "*no negócio fiduciário, a obrigação normal do fiduciário não é receber a coisa para benefício de terceiro, o que caracteriza o trust, e sim para restituí-la ao fiduciante*".[42]

1.4. Direito espanhol

Curioso observar ainda que no direito espanhol, a *fidúcia* do direito romano também encontrou figura relativamente semelhante, a denominada *wadiatio*. Segundo sugere Luiz Augusto Beck da Silva, "*quando implicava a transferência da propriedade, o negócio [da wadiatio] podia ser considerado fiduciário, a exemplo da fidúcia romana*".[43]

E isso porque, como a *wadiatio* era uma forma primitiva de transferência de propriedade, o direito medieval espanhol permitia que a utilizassem nas hipóteses em que o devedor entregava um bem a seu credor, normalmente em valor superior ao valor da dívida ou que continha algum valor sentimental, para que, com isso, aquele cumprisse adequadamente a obrigação outrora assumida.

Entretanto, como bem esclarece Otto de Sousa Lima, o bem não era recebido diretamente pelo credor, mas sim, obrigatória e necessariamente, por um terceiro, chamado fiador, de modo que, em alguns casos, o devedor ainda permanecia como proprietário do bem. Justamente por nem sempre na *wadiatio* ocorrer a transferência efetiva da propriedade do bem, que referido autor entende que a mesma não poderia ser considerada um exemplo fidedigno de *alienação fiduciária*.[44]

1.5. Direito brasileiro

Indubitavelmente a alienação fiduciária foi efetivamente positivada no ordenamento jurídico brasileiro por meio do artigo 66[45] e respectivos

---

[41] GOMES, ORLANDO. op. cit. p. 19.
[42] BUZAID, ALFREDO. op. cit. 1969. p. 28.
[43] SILVA, LUIZ AUGUSTO BECK DA. op. cit. p. 17.
[44] LIMA, OTTO DE SOUZA. op. cit. 1959. p. 166-167.
[45] Redação da Lei nº 4.728/65: "Art. 66. Nas obrigações garantidas por alienação fiduciária de bem móvel, o credor tem o domínio da coisa alienada, até a liquidação da dívida garantida".

parágrafos da Lei n. 4.728, de 14 de julho de 1965, que dispunha sobre o mercado de capitais, dispositivo que, logo em seguida, em 1º de outubro de 1969, teve sua redação modificada pelo artigo 1º do Decreto-Lei n. 911.[46] Ulteriormente, ainda, este dispositivo foi modificado pela Medida Provisória nº 2.160-25, de 23 de agosto de 2001, e, depois, novamente, pela Lei n. 10.931, de 2 de agosto de 2004.[47]

Contudo, até a existência de referido diploma legal — o qual, mister, desde já, esclarecer que disciplinava apenas e tão somente a alienação fiduciária de bens móveis no contexto do mercado de capitais —, muito se discutiu na doutrina sobre a possibilidade (e até a existência) do negócio fiduciário, gênero do qual a alienação fiduciária em garantia é uma de suas espécies.

E isso porque as tradicionais garantias, — sejam as de natureza real (penhor, hipoteca e anticrese), sejam as de natureza pessoal — já não mais conseguiam acompanhar a celeridade e dinâmica com que os negócios comerciais ocorriam à época, comprometendo, assim, o crédito.

No direito moderno, os primeiros estudos sobre o negócio jurídico fiduciário e negócio jurídico indireto surgem em meados dos anos de 1880, como pontua José Carlos Moreira Alves: *"o artigo de [Ferdinand] Regelsberger [é] que serviu de ponto de partida para a formulação moderna da teoria do negócio jurídico fiduciário".*[48]

Ocorre que, até início do século passado, referido estudo teve pouca influência prática ou teórica no ordenamento jurídico brasileiro, quando então se passou a utilizar a *retrovenda* para fins de garantir uma dívida, em interpretação restritiva das Ordenações Filipinas[49] e do disposto

---

[46] Redação do Decreto-Lei nº 911/69: "Art. 66. A alienação fiduciária em garantia transfere ao credor o domínio resolúvel e a posse indireta da coisa móvel alienada, independentemente da tradição efetiva do bem, tornando-se o alienante ou devedor em possuidor direto e depositário com tôdas as responsabilidades e encargos que lhe incumbem de acordo com a lei civil e penal".

[47] Redação da pela Lei nº 10.931/2004: "Art. 66-B. O contrato de alienação fiduciária celebrado no âmbito do mercado financeiro e de capitais, bem como em garantia de créditos fiscais e previdenciários, deverá conter, além dos requisitos definidos na Lei no 10.406, de 10 de janeiro de 2002 — Código Civil, a taxa de juros, a cláusula penal, o índice de atualização monetária, se houver, e as demais comissões e encargos".

[48] ALVES, JOSÉ CARLOS MOREIRA. op. cit. 1979. p. 3.

[49] A saber, a retrovenda estava prevista no Quarto Livro das Obrigações, Título IV, conforme redação: "Da venda de bens de raíz, feita com condição, que tornando-se até certo dia o

no artigo 1.140 do Código Civil de 1916 (Lei nº 3.071, de 1º de janeiro de 1916).

Como se observa, por meio da cláusula de retrovenda, o vendedor de bem imóvel podia se reservar no direito de recobrá-lo no prazo certo de três anos, restituindo ao comprador o preço, mais as despesas e melhorias por este realizadas.

Entretanto, a retrovenda objetivando a garantia de uma dívida, além de possuir restrições nas próprias Ordenações Filipinas, passou a ser vedada no ordenamento jurídico, dando origem ao Decreto-Lei n. 2.689, de 26 de outubro de 1940.[50] A esse respeito, Otto de Sousa Lima pondera que se fazia necessária a verificação *"se, na realidade, houve compra e venda com pacto de retrovenda ou se houve simulação para garantia de mútuo"*. E, constatando-se que houve simulação para garantia de mútuo, isto é, que a real intenção das partes era estabelecer uma garantia creditícia, imprescindível era a decretação da *"nulidade da compra e venda, valendo o respectivo instrumento como prova do mútuo, deixando assegurado ao suposto vendedor o direito de pleitear o reajuste compulsório como proprietário do imóvel, e ao suposto comprador a preferência que compre ao credor hipotecário"*.[51]

Arnoldo Wald assevera que, seguindo essa lógica de buscar meios alternativos à garantia do crédito que não a hipoteca, o penhor e anticrese, passou-se a adotar a *"venda com reserva de domínio, através da qual o bem adquirido a crédito permanece na propriedade do vendedor até o implemento da obrigação, ficando esse bem adquirido e dado em garantia sujeito à apreensão e venda judicial"*. Nada obstante, o autor pondera que referido instrumento

---

preço, seja a venda desfeita. Lícita cousa he, que o comprador e vendedor ponha na compra e venda, que fizerem, qualquer cautela, pacto e condição, em que ambos acordarem, com tanto que seja honesta, e conforme a Direito, e por tanto se comprador e vendedor na compra e venda se acordassem, que tomando o vendedor ao comprador o preço, que houvesse pela cousa vendido, até tempo certo, ou quando quisesse, a venda fosse desfeita, e a cousa vendida tomada ao vendedor, tal avença e condição, assim acordado pelas partes vai: e o comprador, havendo a cousa comprada a seu poder, ganhará e fará cumpridamente seus todos os fructos e novos, e rendas, que houver da cousa comprada, até que lhe o dito preço seja restituído". Disponível em http://www1.ci.uc.pt/ihti/proj/filipinas/l4p782.htm.
[50] "Inclue na competência privativa da Câmara de Reajustamento Econômico o poder de verificar se nos contratos de compra e venda com a cláusula de "retrovenda" houve simulação para garantia de "mútuo", e dá outras providências"
[51] LIMA, OTTO DE SOUZA. op. cit. 1959. p. 173-174.

encontrava os mesmos problemas de *"morosidade do aparelho judiciário, no momento de executar a garantia, em caso de inadimplemento obrigacional"*.[52]

Outra figura que, ao longo do tempo, foi utilizada e confundida com a *fiducia* do direito romano foi a *substituição fideicomissária*, prevista nos artigos 1.733 e seguintes do Código Civil de 1916. Por meio dela, o testador estabelecia uma obrigação a um dos herdeiros ou legatários — chamado de gravado ou fiduciário — para que este transferisse um bem ou conjunto de bens a outro herdeiro ou legatário, — denominado fideicomissário — após a morte do testador e desde que verificadas determinadas condições.

Com isso, o fiduciário tinha a propriedade de um bem, em nome de outrem, de forma restrita e resolúvel, obrigando-se a transferi-lo a este outrem quando verificada determinada condição. Veja, portanto, que de fato existem características que muito se assemelham à *fiducia cum amico* do direito romano ou ao próprio *trust* do direito inglês.

Todavia, a *substituição fideicomissária*, por não ter as características de garantia, não suprimia a necessidade latente do mercado de criar meios mais efetivos e céleres, em contrapartida às garantias — mais especificadamente, as reais — até então existentes.

Nesse contexto é que foi promulgada a já mencionada Lei n. 4.728, de 1965, chamada Lei do Mercado de Capitais, que em seu artigo 66 e respectivos parágrafos deu início à regulação do negócio jurídico de alienação fiduciária em garantia.

A esse respeito, José Carlos Moreira Alves afirma que:

> *Os autores intelectuais da inovação foram dois advogados do então Estado da Guanabara: José Luiz Bulhões Pedreira e George Siqueira (este, assistente jurídico da Carteira de Câmbio do Banco do Brasil).*
>
> *O primeiro — Bulhões Pedreira —, à guisa de justificativa do instituto de que fora um dos idealizadores (e essa justificativa foi também apresentada por intermédio do Senador Daniel Krieger), escreveu: 'Alienação fiduciária em garantia — A emenda visa a introduzir, na nossa legislação, modalidade dos instrumentos jurídicos à disposição do sistema financeiro e das empresas, pois*

---

[52] WALD, ARNOLDO. Do regime legal da alienação fiduciária de imóveis e sua aplicabilidade em operações de financiamento de bancos de desenvolvimento. Revista de Direito Imobiliário, vol. 51/2001, p. 4.

permitirá a criação e conservação da garantia real constituída sobre mercadorias, em circunstâncias nas quais é legalmente impossível a constituição do penhor, pois é da natureza deste a tradição da coisa apenhada do credor.

A alienação fiduciária em garantia corresponde ao 'trust receipt' amplamente utilizado nos países anglo saxões, pelo qual o devedor transfere fiduciariamente o domínio da coisa, para que esta sirva de garantia. Ele difere do penhor em que transfere o próprio domínio, e não apenas constitui um direito real de garantia, e em que pode ser constituído independentemente da tradição da coisa, e inclusive enquanto esta se encontra em poder do devedor, o qual, neste caso, tem as responsabilidades de depositário'.[53]

A partir da promulgação da Lei n. 4.728, de 1965, os doutrinadores passaram a discutir — discussão que se estendeu para a jurisprudência da época — sobre as medidas judiciais que o credor fiduciário deveria adotar nas hipóteses em que o devedor fiduciante se recusasse a devolver o bem alienado fiduciariamente: se seria o caso de reintegração de posse, de imissão na posse ou, ainda, se caberia ação de depósito.

Referidas discussões deram então origem ao Decreto-Lei n. 911, de 1969, que modificou a redação do artigo 66 da Lei n. 4.728/1965 e buscou elucidar parte dessas discussões doutrinárias e jurisprudenciais. Estabelecendo, por exemplo, que o correto seria a ação de depósito, bem como admitindo a ação de busca e apreensão para que o credor reouvesse a coisa dada em garantia.

Conforme já mencionado, referidos diplomas legais foram posteriormente modificados pela Medida Provisória n. 2.160-25, de 2001 e pela Lei n. 10.931, de 2004. Sem prejuízo, com a entrada em vigor do Código Civil de 2002, a alienação fiduciária em garantia de bem móvel infungível passou a ser, materialmente, disciplinada por este diploma.

Ocorre que, à época, somente se regulamentou a alienação fiduciária em garantia de bem móvel, nada sendo legislado a respeito dos bens imóveis. Veja-se que até houve uma tentativa com a promulgação o Decreto-Lei n. 70, de 1966 — que dispunha, dentre outras questões, sobre a cédula hipotecária. Como se verifica, em seus artigos 29 e seguintes havia a previsão da possibilidade de o credor (hipotecário) optar pela nomeação de um agente fiduciário para que este executasse a

---

[53] ALVES, JOSÉ CARLOS MOREIRA. Op. cit. 1979. p. 9.

dívida independentemente do Poder Judiciário, podendo, inclusive, proceder com a ulterior alienação do bem hipotecado por meio de leilões públicos.

Todavia, referido Decreto-Lei não tratava especificadamente do negócio fiduciário ou da alienação fiduciária em garantia de bens imóveis, de modo que os operadores do direito, novamente, começaram a questionar a possibilidade de, por meio de uma interpretação extensiva, aplicar a Lei n. 4.728, de 1965 e do Decreto-Lei n. 911, de 1969 (que tratavam de bens móveis) também para os bens imóveis.

Arnoldo Wald considera que nem a execução hipotecária extrajudicial, prevista no Decreto-Lei n. 70, de 1966, nem a execução hipotecária especial instituída pela Lei n. 5.741, de 1971, eram suficientes para suprir e atender ao fluxo de capitais destinados ao financiamento de imóveis, faltando um instrumento análogo à alienação fiduciária em garantia.[54]

Ainda sobre essa questão, Marcelo Terra afirma ser possível *"as partes ajustarem a transmissão imobiliária com finalidade exclusiva de garantia"*,[55] e fundamenta seu entendimento na doutrina de Jose Carlos Moreira Alves e Pontes de Miranda e na jurisprudência do Supremo Tribunal Federal.[56]

A utilização da alienação fiduciária em garantia ampliou-se de modo que, em 19 de dezembro de 1986, foi inserida em seção própria do Código Brasileiro de Aeronáutica (Lei n. 7.565, de 1986), para estabelecer, a partir do artigo 148, a possibilidade de sua constituição sobre aeronaves e ou de seus equipamentos.

Apesar de mais essa inovação legislativa, a discussão sobre a admissibilidade de utilizar a Lei n. 4.728/1965 para regrar a alienação fiduciária em garantia de bens imóveis perdurou até 19 de agosto de 1997, quando houve o julgamento pelo Superior Tribunal de Justiça do Recurso Especial nº 57.991-SP, cujo acordão foi relatado pelo Ministro Sálvio de Figueiredo Teixeira.[57]

---

[54] WALD, ARNOLDO. op. cit. p. 4.
[55] TERRA, MARCELO. Alienação fiduciária de imóvel em garantia — Lei 9.514/97, primeiras linhas. Porto Alegre: SAFE, 1998, p. 21.
[56] A saber, Recurso Extraordinário n. 82.447-SP — Segunda Turma — Rel. Min. CORDEIRO GUERRA — Rel. Min. para o acórdão JOSÉ CARLOS MOREIRA ALVES, j. 8/6/1976.
[57] Superior Tribunal de Justiça. Quarta Turma. Recurso Especial nº 57.991-SP, Relator Ministro SÁLVIO DE FIGUEIREDO TEIXEIRA, DJ. De 29.09.1997.

Na ocasião, a discussão travada cingia-se a verificar a validade do negócio (fiduciário) firmado entre o falecido cônjuge do recorrente (credor) com os recorridos (devedores) por meio do qual estes haviam transferido em garantia um imóvel àquele que, por sua vez, havia prometido devolver o bem quando a dívida existente fosse devidamente quitada. Entretanto, o cônjuge do falecido credor não reconheceu o negócio firmado, alegando se tratar de negócio simulado.

Ao apreciar a questão, o Ministro Sálvio de Figueiredo Teixeira, de forma deveras inovadora, verifica que *"o negócio fiduciário, embora sem regramento determinado no direito positivo, se insere dentro da liberdade de contratar próprio do direito privado e se caracteriza pela entrega fictícia de um bem, geralmente em garantia, com a condição de ser devolvido o posteriormente"*. E, ao final, conclui que *"não há que se falar em pretensão de anulação do contrato; pelo contrário, o que se pretendeu foi o reconhecimento de sua efetiva ocorrência com produção de efeitos que são próprios à natureza do negócio"*.

O julgamento do Recurso Especial supramencionado adveio pouco meses antes da promulgação da Lei n. 9.514 de 20 de novembro de 1997, em que, final e efetivamente, passou-se a partir do seu artigo 22 a regulamentar a possibilidade de constituição de propriedade fiduciária sobre bem imóvel.

Comentando sobre referida lei, Melhim Namem Chalhub assevera:

> *Fundamentalmente, a Lei 9.514, de 1997, no que tange à estrutura do novo sistema de financiamento, caracteriza-se pela redução da presença do Estado nos negócios privados, estabelecendo um sistema com estrutura extremamente simples, em que estão presentes tão somente os instrumentos básicos para que os negócios se desenvolvam segundo as regras do livre mercado; a grande inovação é, efetivamente, a utilização da ideia da fidúcia como instrumento de garantia do mercado imobiliário e do mercado investidor.*[58]

Ainda, de forma complementar e como se verá adiante, a Lei n. 9.514, de 1997 permitiu que a alienação fiduciária imobiliária fosse constituída por qualquer pessoa — física ou jurídica — para garantia do cumprimento de qualquer espécie de obrigação.

---

[58] CHALHUB, MELHIM NAMEM, op. cit. p. 5.

Por fim, curioso notar que a alienação fiduciária, tal como foi adotada por nosso ordenamento jurídico, distanciou-se, em certa medida, da ideia original da fidúcia, assim entendida como a confiança do fiduciante no fiduciário. Como se verifica, o ordenamento brasileiro utiliza a alienação fiduciária tão somente com o fim precípuo de garantia do adimplemento da obrigação assumida em negócio jurídico.

2. NEGÓCIO FIDUCIÁRIO

A aplicabilidade da *alienação fiduciária*, como visto, teve sua origem histórica no direito romano, com a utilização dos institutos da *fiducia cum amico* e da *fiducia* cum *creditore*; ulteriormente, no direito germânico, surgiu a figura do *treuhand* ou "penhor de propriedade", enquanto no direito anglo-saxão empregaram o uso do *mortgage* e do *trust* (e *trust receipt*) e, ainda, no direito espanhol o *wadiatio*. Somente no início do século passado é que, finalmente, a figura da alienação fiduciária foi instituída no Brasil, com a promulgação da Lei n 4.728, de 1965.

Todavia, para a correta interpretação das questões que serão adiante abordadas em capítulo específico, imperiosa a classificação e compreensão dos negócios fiduciários, gênero do qual a *alienação fiduciária em garantia de bem imóvel* — objeto do presente estudo — é a espécie, que, por exemplo, distingue-se da *propriedade fiduciária*, como bem disciplinado no artigo 22 da Lei n. 9514, de 1997.

A esse respeito, aliás, Jose Carlos Moreira Alves apresenta crítica à redação do artigo 66 da Lei n. 4.728, de 1965 (ulteriormente, alterado pelo Decreto-Lei n. 911, de 1969), asseverando que o mencionado dispositivo levantava questionamentos, sobre os quais os autores à época se debruçavam, se a nova forma de garantia real por ele estabelecido seria a *alienação fiduciária em garantia* (tal como mencionado na redação) ou se seria a *propriedade fiduciária*.[59]

---

[59] ALVES, JOSÉ CARLOS MOREIRA. op. cit. 1979. p. 32-33.

Jose Carlos Moreira Alves, inclusive, de plano, já elucida que na verdade, "*a alienação fiduciária é, tão-somente, o contrato que serve de título à constituição da propriedade fiduciária, que — esta sim — é a garantia real criada*".[60]

2.1. Negócio fiduciário e propriedade fiduciária

Antes, porém, de se adentrar propriamente no estudo da figura da *alienação fiduciária em garantia*, importante elucidar que ela — como se analisará mais adiante —, nada mais é que espécie da qual o *negócio fiduciário* é o gênero. Por assim o ser, mister tecer alguns esclarecimentos a respeito dos *negócios fiduciários*, principalmente visando a distingui-los da *propriedade fiduciária*.

2.1.1. *Negócio Fiduciário*

Trazendo, de plano, a clássica doutrina de Otto de Sousa Lima, compreende-se que os *negócios fiduciários* surgem como uma manifestação de vontade da sociedade para tornar possível a realização de negócios que a ordem jurídica não satisfaz adequadamente, visando, ao fim e ao cabo, facilitar e acelerar a atividade empresarial e comercial.[61]

No Brasil, mais especificadamente, como já explicitado, o principal negócio jurídico utilizado é a *alienação fiduciária em garantia*, a qual, inclusive, foi inicialmente disciplinada na Lei n. 4.728, de 1965, a qual tratava dos bens móveis, enquanto, os bens imóveis foram disciplinados pela Lei n. 9.514, de 1997.

Otto de Sousa Lima ainda, depois de ponderar sobre a definição de *negócio fiduciário* de diversos doutrinadores estrangeiros (Ferdinand Regelsberger, Nicola Coviello, Ludwing Enneccerus) e nacionais (Jose Xavier Carvalho de Mendonça, Eduardo Espínola, Pontes de Miranda), desenvolve seu próprio conceito:

> *Negócio fiduciário é aquêle em que se transmite uma coisa ou direito a outrem, para determinado fim, assumindo o adquirente a obrigação de usar dêles segundo aquêle fim e, satisfeito êste, de devolvê-lo ao transmitente. O negócio aparece, desta forma, em todos os seus elementos essenciais e, por isso, devidamente conceituado.*[62]

---

[60] ALVES, JOSÉ CARLOS MOREIRA. op. cit. 1979. p. 32-33.
[61] LIMA, OTTO DE SOUSA. op. cit. 1962. p. 160-170.
[62] LIMA, OTTO DE SOUSA. op. cit. 1962. p. 243.

Por seu turno, Orlando Gomes, complementando esta conceituação de *negócio fiduciário*, afirma que o adquirente (fiduciário) recebe a propriedade de um bem ou direito de forma limitada, isto é, sob *condição resolutiva*; enquanto, o transmitente (fiduciante), transfere o bem sob *condição suspensiva*. Com isso, o fiduciante possui apenas uma expectativa de direito de receber a propriedade do bem outrora transmitido, que somente se converterá em direito adquirido se, e quando, cumprida a obrigação assumida previamente.[63]

Houve, no entanto, discussão doutrinária sobre a essência do negócio fiduciário, com a criação da teoria monista ou unitária (defendida, por exemplo, por Cesare Grasseti e Otto de Sousa Lima) e da teoria dualista ou binária (com origem nos ensinamentos de Ferdinand Regelsberger — e que acabou prevalecendo hodiernamente).

Segundo explicita José Carlos Moreira Alves, para a teoria dualista, representada principalmente pelo entendimento de Ferdinand Regelsberger, o negócio fiduciário seria uma combinação de dois negócios jurídicos: "*a) um contrato real positivo, em virtude do qual se dá a transferência normal do direito de propriedade ou de direito de crédito; e b) de contrato obrigatório negativo pelo qual nasce para o fiduciário a obrigação de, após utilizar-se de certa forma do direito que lhe foi transmitido, o restituir ao fiduciante ou retransferir ao terceiro*".[64]

Todavia, contrapondo esta teoria, há o posicionamento de Cesare Grasseti, conforme coloca Otto de Sousa Lima, que, ao analisar mencionado entendimento sobre negócio fiduciário, afirma que este conceito é "*piuttosto una valutazione che di questi negozi fala dottrine anziché una definizione che tocchi all'essenza del negozio medesimo*".[65]

Por isso, o autor italiano (Cesare Grasseti) desenvolveu um conceito asseverando que o negócio fiduciário não seria uma combinação de dois negócios jurídicos vinculados, mas sim um negócio unitário, cujo motivo é justamente a *causa fiduciae* atípica, não prevista em lei, que contém em si, e implicitamente, uma relação de confiança entre os contratantes:

---

[63] GOMES, ORLANDO. Op. cit. 1971, p. 38.
[64] ALVES, JOSÉ CARLOS MOREIRA. Op. cit.. 1979. p. 19-20.
[65] GRASSETTI, CESARE. Del negozio fiduciario e della sua ammissibilità nel nostro ordenamento giuridico, in Rivista Diritto Commerciale, de Scraffa e Vivante, vol. XXXIV, 1916, primeira parte, p. 348 apud LIMA, OTTO DE SOUSA. op. cit. 1962. p. 161.

> *Per negozio fiduciário intendiamo una manifestazione di volontà con cui si attribuisce ad altri una titolarità di diritto a nome proprio ma nell'interesse, o anche nell'interesse, del transferente o di terzo.*[66]

A par dessa discussão doutrinária, que perdura até hoje entre os doutrinadores ao redor do mundo, salta aos olhos, em qualquer teoria adotada, o elemento essencial do negócio fiduciário, qual seja, a confiança que o (devedor) fiduciante deposita no (credor) fiduciário.

Nesse contexto, Pontes de Miranda, de forma peculiar, sintetiza que o "negócio jurídico fiduciário é negócio jurídico mais fidúcia".[67] E, sem ser diferente, Marcelo Terra explica que o negócio fiduciário se caracteriza pela existência do risco, já que o transmitente fiduciante, de boa-fé, deposita sua confiança na pessoa do adquirente fiduciário, ficando na dependência deste para que este cumpra a obrigação assumida de restituição.[68]

Destarte, seguindo com esse raciocínio da existência de risco no negócio fiduciário é que a presença da confiança se mostra ainda mais essencial. Como asseverado em capítulo antecedente, quando se abordou a fidúcia do direito romano, afirmou-se que, em sua origem, o devedor fiduciante ficava dependendo da boa-fé e da boa vontade do credor fiduciário para que este devolvesse a coisa transmitida, nenhuma medida poderia ser imposta ao fiduciário inadimplente senão o pleito de perdas e danos.

Contemporaneamente, como pontuado, esse risco permanece, na medida que o devedor fiduciante tem pouca ingerência sobre os atos do credor fiduciário que eventualmente venha a praticar com relação ao bem transmitido, o que acaba por acarretar uma situação de desvantagem ao fiduciante. Justamente por conta disso, o negócio fiduciário está pautado na *fides*, na confiança depositada no fiduciário pelo fiduciante.

Daí porque é plenamente possível constatar que o negócio fiduciário é composto de duas relações: uma de natureza real e outra de natureza obrigacional, estando ambas, por certo, ligadas pela confiança, pela fidúcia depositada pelo transmitente (fiduciante) no adquirente (fiduciário) de que este restituirá a coisa quando adimplida a obrigação.

---

[66] Grassetti, Cesare. op. cit. p. 348 apud Lima, Otto de Sousa. op. cit. 1962. p. 160-162.
[67] Miranda, Pontes de. Tratado de direito privado. Tomo 3. Campinas: Bookseller, 2001. p. 116.
[68] Terra, Marcelo. Op. cit.. p.19.

Disso decorre o entendimento de que o negócio fiduciário constitui tão somente a *propriedade fiduciária* (que será melhor abordada em item subsequente). No entanto, desde já mister observar que a transferência de propriedade do ativo ao fiduciário terá eficácia *erga omnes*, o que inclui o próprio fiduciante. No entanto, a relação obrigacional de restituir o bem ao fiduciante tem eficácia *inter partes* (fiduciante-fiduciário), não sendo oponível a terceiros alheios a relação.

Como se nota ainda, há uma incongruência na celebração do negócio fiduciário, surgindo, então, o questionamento com relação ao autêntico objetivo das partes quando da celebração do negócio fiduciário. Isso porque, se efetuarem a transferência de forma plena e absoluta da propriedade de determinado bem ao fiduciário, e, ao mesmo tempo e desde o início, estabelecerem a obrigação deste de restituir o bem ao proprietário original (fiduciante), não estariam então os contratantes desnaturalizando a essência do negócio jurídico de transferência da propriedade do bem e praticando outro ato jurídico?

Ponderando sobre referida questão, Melhim Namem Chalhub avalia que, apesar de efetivamente estabelecer a transmissão da propriedade do bem para o fiduciário, no negócio fiduciário este efeito de direito real (efetiva transferência de propriedade) é parcialmente infirmado por um pacto adjeto obrigacional, o qual estabelece ao fiduciário a obrigação de restituir o bem ao próprio fiduciante, ou ainda, transferi-lo para um terceiro-beneficiário indicado. Note-se, portanto, que o fiduciário adquirente, embora passe a ser o efetivo proprietário do bem recebido, somente poderá utilizá-lo nos exatos limites estabelecidos no contrato, tratando-se de propriedade com limitação de uso, gozo, fruição e ou disposição.[69]

Referida limitação da livre fruição e disposição do bem pelo fiduciário somente é admissível na medida que essa era a real vontade das partes contratantes quando da celebração do negócio fiduciário, por meio do *pactum fiduciae*.

Há de se observar que há uma clara dissonância entre a forma do negócio jurídico utilizada e o real objetivo perquirido — em conjunto, diga-se — pelo fiduciante e fiduciário. A justificativa para isso é apresentada por Melhim Namem Chalhub, asseverando que no negócio

---

[69] CHALHUB, MELHIM NAMEM, op. cit. p. 33-34.

fiduciário sempre haverá "*incongruência entre o fim desejado e o meio empregado, pois, ao empregar, por exemplo, a compra e venda com escopo de garantia, as partes se valem de um contrato típico cujo efeito extravasa o fim por elas desejado e produz mais consequências jurídicas do que seria necessário para alcançar aquele fim determinado*".[70]

Nesse sentido, inclusive, Pontes de Miranda assevera que "*sempre que a transmissão tem um fim que não é a transmissão mesma, de modo que ela serve de negócio jurídico que não é o de alienação a quem se transmite, diz-se que há fidúcia ou negócio jurídico fiduciário*".[71]

Por fim, Otto de Sousa Lima, fazendo referência a Ferdinand Regelsberger, conclui que no negócio fiduciário, na maior parte das vezes, haverá essa desproporção entre o meio empregado e o fim econômico que as partes objetivam com o instrumento firmado, pois o instrumento típico não seria suficiente para abarcar todas as consequências práticas e jurídicas pretendidas. Entretanto, esta desproporcionalidade não é um elemento essencial a todas as espécies de negócio fiduciário.[72]

2.1.2. Propriedade fiduciária

Conforme acima asseverado, por meio do negócio fiduciário, o devedor fiduciante transfere a *propriedade* de um bem ou um direito para o credor fiduciário para um fim específico, assumindo este último (fiduciário) a obrigação de devolver o bem ou direito ao fiduciante assim que cumprida a obrigação por este assumida.

Como bem se observa, há a efetiva transferência de propriedade da coisa ou direito para o credor fiduciário; entretanto, por ter sido celebrado concomitantemente ao *pactum fiduciae*, há limitações ao pleno exercício da propriedade. Em razão disso, a doutrina passou a denominar este tipo de propriedade como *propriedade fiduciária*.

Nesse sentido, Melhim Namem Chalhub afirma que a "*propriedade fiduciária é uma propriedade limitada pelas restrições que sofre em seu conteúdo, em virtude da finalidade para a qual é constituída, tendo duração limitada, enquanto perdurar o escopo ao qual se destina*".[73]

---

[70] CHALHUB, MELHIM NAMEM, op. cit. p. 32.
[71] MIRANDA, PONTES DE. Op. cit. p. 146.
[72] LIMA, OTTO DE SOUZA. op. cit. 1962. p. 174-176.
[73] CHALHUB, MELHIM NAMEM, op. cit. p. 95.

Dessa definição se extraem duas características essenciais da propriedade fiduciária decorrente do negócio fiduciário: a primeira é que ela é resolúvel; a segunda, que ela é temporária.

Quanto a essa segunda característica, mister rememorar que, no negócio fiduciário, o credor fiduciário somente será proprietário da coisa ou do direito enquanto o devedor fiduciante não cumprir a obrigação pela qual houve a celebração do negócio. Ou seja, a situação de proprietário perdurará apenas e tão somente durante o lapso de tempo necessário para o cumprimento desta obrigação, de modo que, cumprida essa obrigação, o fiduciário perderá a propriedade do bem ou do direito.

Nesse sentido, Orlando Gomes afirma que o credor fiduciário adquire não a propriedade plena e definitiva da coisa, mas sim uma propriedade temporária, que está sujeita ao cumprimento de uma condição resolutiva imposta pela fidúcia inerente ao contrato.[74]

Já no que concerne à outra característica da propriedade fiduciária, verifica-se sua natureza resolúvel quando se constata que a transferência do domínio da coisa ou do direito ao credor fiduciário estará, por lei, vinculada a uma condição resolutiva estabelecida no *pactum fiduciae*, que consistirá na obrigação de o credor fiduciário restituir ao devedor fiduciante o bem recebido tão logo a obrigação por ele assumida seja devidamente cumprida.

Isso ocorre por força de lei, ou seja, sendo defeso ao fiduciante e ao fiduciário pactuar de forma distinta. A resolubilidade da propriedade fiduciária é questão que se impõe, sendo uma condição do contrato que institui a propriedade fiduciária que perdurará até a extinção da obrigação contraída pelo fiduciante.

Com isso, em razão da temporalidade e da resolubilidade da propriedade fiduciária atribuída ao credor fiduciário, não há como se asseverar que este possui livre direito de uso, gozo e disposição do bem ou do direito, muito embora tenha efetivamente recebido do devedor fiduciante a propriedade deste bem ou direito.

Contrapondo esse entendimento, Melhim Namem Chalhub menciona os pensamentos de Luigi Cariota-Ferrara e Navarro Martoreli, que defendem a incorreção da adjetivação fiduciária à propriedade da coisa ou direito recebida pelo credor fiduciário quando da celebração do

---

[74] GOMES, ORLANDO. op. cit. p. 75.

negócio fiduciário, na medida que ele se tornaria efetivo e pleno proprietário, não havendo que se falar em qualquer tipo de limitação ou restrição.[75] Assim o fazem pautados na concepção e nos elementos existentes na *fiducia* do direito romano, em que efetivamente o credor fiduciário recebia a plena propriedade da *res*, podendo praticar todo e qualquer ato de disposição, perdendo o devedor fiduciante qualquer direito sobre a coisa, restando-lhe apenas uma pretensão de perdas e danos contra o fiduciário.

Antes de prosseguir, necessário destacar a observação de Jose Carlos Moreira Alves no sentido de existir uma distinção entre a propriedade fiduciária resultante dos negócios fiduciários propriamente ditos e daquela oriunda da alienação fiduciária em garantia. Isso porque esta última visa a atender ao escopo de garantia, sendo, portanto, nos termos da lei, nova modalidade de garantia real.[76]

Indo além, não se pode confundir a propriedade fiduciária oriunda da alienação fiduciária em garantia, que constitui garantia real, com as demais garantias (penhor, hipoteca e anticrese), já que nestes o ônus recai sobre coisa alheia, ao passo que na alienação fiduciária, como há a transferência desde o início da propriedade, a garantia recai sobre coisa própria, ainda limitada pelo caráter resolúvel e temporal. Como bem pontuado por Jose Carlos Moreira Alves:

> *Também não se confunde a propriedade fiduciária resultante da alienação fiduciária com os direitos reais limitados de garantia (penhor, anticrese e hipoteca), pois, nestes, seu titular não é proprietário da coisa dada em garantia, ao contrário do que sucede com o titular da propriedade fiduciária, que tem, sobre a coisa que garante o pagamento do débito, direito de propriedade, embora limitado. Nos direitos reais limitados de garantia — o que não se verifica com a propriedade fiduciária — há, em regra, de um lado o proprietário da coisa dada em garantia (o que somente não ocorre se ela se tornar res nullis) e, de outro lado, o credor que é, apenas, titular do penhor, da anticrese ou da hipoteca (conforme o caso) sobre coisa alheia.*[77]

---

[75] CHALHUB, MELHIM NAMEM, op. cit. p. 95.
[76] ALVES, JOSÉ CARLOS MOREIRA. op. cit. 1979. p. 115.
[77] ALVES, JOSÉ CARLOS MOREIRA. op. cit. 1979. p. 116.

No mesmo sentido, Arnoldo Wald afirma que o principal diferenciador entre os demais direitos reais limitados de garantia, é que o titular tem direito real sobre coisa alheia, e na alienação fiduciária, o credor é titular do direito real pleno de propriedade, ainda que sofra limitações.[78]

Desta forma, constata-se que a propriedade fiduciária, quando assume a finalidade de garantia — tal como na alienação fiduciária —, possui características especiais que a distinguem da outra feição que a propriedade fiduciária pode ostentar, que seria aquela objetivando a administração patrimonial. Assim o é, pois, normalmente, na feição de garantia a posse do bem ou do direito permanece com o devedor fiduciante, enquanto quando a propriedade fiduciária é constituída para administração patrimonial há a possibilidade de a posse também ser transferida ao credor fiduciário, o que deverá ser estabelecido pelo *pactum fiduciae*.

Nesse ponto, é preciso ter claro que, em qualquer das hipóteses, seja naquelas para fins de administração, seja visando à garantia, o fim econômico pretendido pelas contratantes é incongruente com o meio jurídico por elas adotado. Isso em razão de, como já asseverado, a propriedade transmitida com *fiducia* não será plena e irrestrita, sofrendo o credor fiduciário limitações nos direitos de livre utilização e disposição, tendo que os praticar nos interesses do devedor fiduciante e do que foi estabelecido entre eles.

Como visto, a propriedade fiduciária será estabelecida por meio de um contrato que regerá o negócio fiduciário pretendido pelas partes. Entretanto, para que a propriedade fiduciária tenha eficácia para além dos contratantes, é preciso se atentar aos requisitos legais registrais exigidos para a transmissão da propriedade, por força do princípio da publicidade. Em se tratando de bens imóveis, será necessário o registro na matrícula do bem junto ao Registro de Imóveis; se bens móveis, mister o registro do contrato no cartório de Registro de Títulos e Documentos ou, se de veículos, levar-se-á o registro na repartição competente (Departamentos Estaduais de Trânsito — DETRANs).

Deste modo, não obstante a propriedade fiduciária se constitua com a celebração do negócio fiduciário, para que seja oponível *erga omnes*, é necessária a publicidade do contrato, que ocorrerá por meio do registro

---

[78] WALD, Arnoldo. Op. cit. p. 261.

perante o órgão competente, a depender da natureza jurídica do bem ou direito que foi transferido do fiduciante ao fiduciário.

Apesar da necessidade de registro, não se pode perder de vista que a temporalidade e a resolubilidade, inerentes à propriedade fiduciária, como acima asseverado, resultam no efeito jurídico de que o bem transferido não incorporará efetivamente o patrimônio do credor fiduciário (exceção para a hipótese em que há o inadimplemento e não há lances nos leilões). Isso porque, não é essa a real intenção das partes.

Quando constituída para fins de garantia, como se pode pressupor, as partes objetivam tão-só que o bem sirva como forma de forçar o devedor fiduciante a cumprir a obrigação assumida, para que a propriedade do bem possa ser restituída a ele.

Analisando o exemplo mais comum desse tipo — a alienação fiduciária em garantia —, constata-se que não há qualquer intenção do credor fiduciário em adquirir o bem alienado fiduciariamente, tanto que a ele é vedado adjudicá-lo de plano quando o devedor fiduciante deixar de cumprir com a obrigação assumida. Veja, portanto, que o credor fiduciário não tem qualquer direito sobre o bem alienado, mas somente tem direito de crédito sobre o produto da venda deste bem.

Já na situação que é constituída para fins de administração, a propriedade fiduciária do bem é transmitida ao administrador fiduciário, juntamente com a posse, porém referido bem não é incorporado a seu patrimônio, devendo permanecer *afetado* para o cumprimento da obrigação assumida de administrá-lo em benefício do fiduciante, conforme estabelecido no contrato.

Exemplificando, tem-se o caso dos fundos de investimento, em que, por força do disposto no artigo 7º da Lei n. 8.668, de 1993, os bens e direitos mantidos sob a propriedade fiduciária integrantes do patrimônio do fundo de investimento imobiliário, bem como os respectivos frutos e rendimentos, não se comunicam com o patrimônio da instituição administradora fiduciária. Isso porque, os negócios realizados com esses bens, seja alienando-os, locando-os, são realizados exclusivamente no interesse do fiduciante, no caso, dos cotistas do fundo.[79]

---

[79] "Art. 7º Os bens e direitos integrantes do patrimônio do Fundo de Investimento Imobiliário, em especial os bens imóveis mantidos sob a propriedade fiduciária da instituição administradora, bem como seus frutos e rendimentos, não se comunicam com o patrimônio desta,

A esse respeito, Melhim Namem Chalhub assevera que "*a transmissão fiduciária não incrementa o patrimônio do proprietário fiduciário, sendo, antes, neutra em relação ao seu patrimônio, e por isso o fiduciário deve mantê-lo num patrimônio de afetação, por efeito do qual os bens transmitidos em fidúcia são subtraídos da garantia patrimonial genérica dos credores do fiduciário*".[80]

Essa *afetação* do patrimônio quando da constituição da propriedade fiduciária, isto é, o fato de o bem não integrar efetivamente o patrimônio do fiduciário, credor ou administrador, se mostra ainda mais presente ao se verificar que, mesmo diante do necessário registro junto aos respectivos órgãos competentes, nenhum imposto é devido pela transmissão da propriedade fiduciária do bem ou do direito. O imposto somente será devido quando e se houver a consolidação da propriedade em nome do fiduciário, o que ocorrerá se, e somente se, o fiduciante inadimplir com sua obrigação fixada no pacto fiduciário.

Aqui cabe mais um destaque da discussão doutrinária sobre a que título a propriedade fiduciária seria transmitida. De acordo com Salienta Carregal, citado por Melhim Namem Chalhub:

> [...] *não se pode qualificar a transmissão de propriedade fiduciária como um ato a título oneroso, porque o adquirente (fiduciário) não dá coisa alguma em troca do bem, tampouco se pode dizer que se trata de um ato a título gratuito, na medida em que não se doa o bem ao fiduciário, mas este recebe o bem*

---

observadas, quanto a tais bens e direitos, as seguintes restrições: I — não integrem o ativo da administradora; II — não respondam direta ou indiretamente por qualquer obrigação da instituição administradora; III — não componham a lista de bens e direitos da administradora, para efeito de liquidação judicial ou extrajudicial; IV — não possam ser dados em garantia de débito de operação da instituição administradora; V — não sejam passíveis de execução por quaisquer credores da administradora, por mais privilegiados que possam ser; VI — não possam ser constituídos quaisquer ônus reais sobre os imóveis.

§ 1º No título aquisitivo, a instituição administradora fará constar as restrições enumeradas nos incisos I a VI e destacará que o bem adquirido constitui patrimônio do Fundo de Investimento Imobiliário.

§ 2º No registro de imóveis serão averbadas as restrições e o destaque referido no parágrafo anterior.

§ 3º A instituição administradora fica dispensada da apresentação de certidão negativa de débitos, expedida pelo Instituto Nacional da Seguridade Social, e da Certidão Negativa de Tributos e Contribuições, administrada pela Secretaria da Receita Federal, quando alienar imóveis integrantes do patrimônio do Fundo de Investimento Imobiliário".

[80] CHALHUB, MELHIM NAMEM. op. cit. p. 107.

somente como um meio para melhor execução do encargo que lhe foi atribuído ao se proceder à transmissão da propriedade. Fica claro, então, que o único título pelo qual se pode transmitir uma propriedade em caráter fiduciário é a título de confiança, já que o fiduciário não a recebe a título oneroso, nem gratuito.[81]

Finalmente, e mais uma vez como consequência direta e indissociável de sua resolubilidade e temporalidade, necessário ponderar que a propriedade fiduciária será extinta quando o objetivo fixado no *pactum fiduciae* for atingido, quando houver renúncia, revogação ou distrato do contrato em que se constituiu a propriedade fiduciária.

2.2. Elementos dos negócios fiduciários

Conforme acima asseverado, *negócio fiduciário* é o negócio em que um sujeito, denominado fiduciante, transfere, de confiança, a propriedade de um bem ou, ainda, a titularidade de um direito para outrem, chamado de fiduciário, para os fins de administração ou de garantia, estabelecendo, desde o início, obrigações para ambas as partes, bem como delimitando os poderes que cada qual terá sobre o bem/direito. Cumpridas as obrigações, a propriedade do bem ou do direito será retransmitida ao proprietário original ou a quem este vier a indicar como beneficiário.

Dessa conceituação, facilmente se extrai que os sujeitos do negócio fiduciário são: de um lado o *fiduciante*, que transmite a propriedade de um bem na confiança; de outro lado, o *fiduciário*, que recebe o bem na confiança e assume a obrigação de restituí-lo quando cumprida a obrigação assumida pelo fiduciante. Eventualmente, a depender do negócio fiduciário realizado, haverá uma terceira pessoa envolvida, que é o *beneficiário*, que como o próprio nome sugere —, receberá, em benefício, o bem transmitido pelo fiduciante ao fiduciário, ou, então, os frutos decorrentes da administração do bem.

Facilmente também se observa que o objeto do negócio fiduciário poderá ser coisa móvel, imóvel ou direito, desde que determinado ou determinável.

---

[81] CARREGAL, MARIO A., El fideicomiso, regulación jurídica y posibilidades practicas. Buenos Aires: Ed. Universidad, Buenos Aires, 1982, p. 74-75 apud CHALHUB, MELHIM NAMEM. op. cit. p. 98-99.

Ainda diante desse conceito de negócio fiduciário, afere-se que há uma dissonância entre os fins jurídicos e econômicos pretendidos na transmissão da propriedade do bem ou direito, uma vez que *transmissão ou a atribuição da propriedade ou do direito não encerra um fim em si mesma, sendo, antes, um meio para se alcançar o objetivo desejado efetivamente pelas partes, que há de ser a constituição de uma garantia, a realização de investimentos ou empreendimentos, a administração de negócios etc..*[82]

E isso porque, segundo a teoria dualista, no negócio fiduciário se nota a existência de duas relações jurídicas distintas, mas relacionadas: uma de natureza real, por meio da qual há a efetiva transmissão do direito ou da propriedade da coisa ou do direito; e outra de natureza obrigacional, que está associada à restituição da coisa ou direito transmitido, se a finalidade do contrato for atingida.

Ao passo, que para os doutrinadores adeptos à teoria unitária ou monista, o negócio fiduciário seria relação única, com dois efeitos distintos, o primeiro de natureza real e o segundo de natureza obrigacional.

Entretanto, a par disso, o elemento principal e central de todo negócio fiduciário é exatamente a *fidúcia*, isto é, a confiança depositada pelo fiduciante no fiduciário de que ele cumprirá as obrigações estabelecidas no *pactum fiduciae*, principalmente a de restituir o bem ou o direito a ele transmitido quando o fiduciante adimplir com as suas obrigações.

2.3. Classificação dos negócios fiduciários

Já tendo explicitado os elementos essenciais dos negócios fiduciários, passa-se então à sua classificação.

Como se observa, por se tratar de *contrato*, firmado entre o fiduciante e fiduciário, em que se estabelece obrigações para ambas as partes, o negócio fiduciário é classificável como sendo *bilateral*.

O fiduciante tem a obrigação de transferir a propriedade do bem ao fiduciário, além daquelas obrigações assumidas no *pactum fiduciae*. A título de exemplo, veja o caso da alienação fiduciária em garantia de mútuo firmado entre as partes, em que o fiduciante terá que pagar as parcelas do financiamento para, aí sim, ser restituído na propriedade do bem imóvel transferido ao fiduciário.

---

[82] CHALHUB, MELHIM NAMEM. op. cit. p. 35.

Por outro lado, o fiduciário assume a obrigação de, recebendo a propriedade de determinado bem ou direito, dar a ele a destinação assumida no contrato (com todas as restrições impostas), além de, por óbvio, restituí-la ao fiduciante quando — e se — este vier a cumprir com todas as obrigações assumidas no contrato.

O negócio fiduciário poderá ser *oneroso* ou *gratuito*, a depender se fiduciante e fiduciário estipularem contraprestações entre si. Com isso, se houver a transferência da propriedade do bem ou direito e não se fixar a obrigação de o fiduciante pagar qualquer quantia ao fiduciário (ou vice e versa), o negócio fiduciário será *gratuito*. Por outro lado, fixando o pagamento de qualquer quantia, será *oneroso*. Vislumbra-se a hipótese de negócio fiduciário gratuito naquela em que há a transferência do bem para o fiduciário, assumindo este a obrigação de administrá-lo em proveito e interesse de um beneficiário, tal como ocorria na *fiducia* romana.

Outrossim, outra classificação possível do negócio fiduciário é se ele seria *principal*, quando há a transferência da propriedade com fins de administração, ou *acessório*, nas hipóteses em que é firmado objetivando a garantir outra situação ou contrato. Conforme asseverado por Marcelo Terra, e visando a ilustrar, o contrato de alienação fiduciária em garantia sempre será *acessório*, *"pois sempre dependente de um contrato principal, quer de venda e compra ou de mútuo, podendo ser firmada em dois momentos absolutamente distintos"*.[83] No mesmo sentido é o posicionamento de Pontes de Miranda: *"sempre que a transmissão tem um fim que não é a transmissão mesma, de modo que ela serve de negócio jurídico que não é o de alienação a quem se transmite, diz-se que há fidúcia ou negócio jurídico fiduciário"*.[84]

Por fim, quanto à formalidade, o negócio fiduciário será classificável como *solene*, nas hipóteses em que a lei exigir formalidade para a transmissão da coisa — como é o caso, por exemplo, da transferência imobiliária sujeita a registro no Cartório de Imóveis. Em contrapartida, logicamente, quando não houver qualquer exigência legal para a transmissão do bem, o negócio fiduciário será considerado *não solene*.

---

[83] TERRA, MARCELO. op. cit. p. 22-23.
[84] MIRANDA, PONTES DE. op. cit. p. 146.

2.4. Validade e eficácia dos negócios fiduciários

Por ser tratar de negócio jurídico, novamente, o negócio fiduciário deverá respeitar a teoria geral do negócio jurídico, submetendo-se às regras gerais de existência, validade e eficácia.

Assim sendo, com relação ao plano da existência, mister a apreciação dos elementos do negócio jurídico a fim de verificar a existência de exteriorização da livre manifestação de vontade das partes, de uma finalidade negocial e de objeto idôneo, tudo isso expressado em um instrumento contratual.

Além disso, o negócio fiduciário deverá respeitar o estabelecido no artigo 104 do Código Civil, isto é, ser firmado entre agentes capazes, tratar de objeto lícito, possível, determinado ou determinável, além, por fim, de respeitar eventual forma prescrita ou não defesa em lei. Cumprido esses pressupostos, o negócio fiduciário será considerado válido e eficaz.

Não se pode perder de vista ainda que o negócio fiduciário respeitará, necessária e obrigatoriamente, os pressupostos negativos de nulidade e anulabilidade, previstos nos artigos 138 e seguintes do Código Civil.

2.5. Tipos e modalidades de negócios fiduciários

Como já asseverado no presente trabalho em oportunidades anteriores, o negócio fiduciário, em essência, é um negócio jurídico pelo qual o fiduciante transfere para o fiduciário a propriedade de um determinado bem ou direito, para que este cumpra determinada finalidade, comprometendo-se a restitui-lo em oportunidade futura, caso o fiduciante cumpra obrigação específica.

Diante disso, os doutrinadores entendem que o negócio fiduciário pode ser, em síntese, utilizado para regular duas situações específicas. Com isso, a transferência da coisa ocorrerá para que o fiduciário a administre em benefício e interesse do fiduciante, ou então para fins de garantia.

Nesse sentido, Paulo Restiffe Neto e Paulo Sérgio Restiffe reconhecem *"várias figuras de negócio fiduciário, destacando-se: a venda com escopo de garantia; a venda com fins de administração; a venda para recomposição de patrimônio, a doação fiduciária; a cessão fiduciária de crédito para cobrança ou para fins de garantia; a do acionista fiduciário, além de outras, desde que não contrariem a lei, nem prejudiquem terceiros.*[85]

---

[85] RESTIFFE NETO, PAULO, RESTIFFE, PAULO SÉRGIO. Op. cit. p. 48.

Exemplificando essas duas grandes espécies, temos que os possíveis negócios fiduciários, admitidos no ordenamento pátrio, o negócio fiduciário para administração, o negócio fiduciário para investimento e a venda com escopo de garantia.

Nesse contexto, importante destacar o posicionamento de Marcelo Chiavassa de Melo Paula Lima, que apresenta ainda outra divisão dos negócios fiduciários, asseverando que poderiam ser subdivididos em quatro tipos: *negócios fiduciários propriamente ditos*; *negócios fiduciários impróprios*, *negócios fiduciários legais ou tipificados* e *negócios de fiducia*.

> *[...] os três primeiros possuem estrutura semelhante, ao passo que o último destoa completamente dos outros. Nos dois primeiros [propriamente ditos e impróprios], a estrutura é aquela já anunciada anteriormente: dois negócios jurídicos distintos, tendo o primeiro um efeito translativo (negócio translativo) e o segundo uma limitação dos efeitos translativos (pacto fiduciae) através da criação de uma obrigação (de administrar e/ou de devolver). A distinção entre um e outro se dá em relação aos efeitos do pacto fiduciae, tendo o primeiro efeitos meramente obrigacionais e o segundo efeitos reais. Ademais, utiliza-se negócios típicos que visem a produção de efeitos atípicos. O terceiro [negócios fiduciários legais ou tipificados] se caracteriza, essencialmente, pela utilização de um negócio anteriormente fiduciário, mas agora tipificado pelo legislador. O quarto [negócios de fiducia], por último, era fiduciário, tornou-se típico (ao menos socialmente típico), mas ainda se exige um grau de confiança maior do que as outras figuras negociais; diferencia-se dos negócios fiduciários legais na medida em que não se vislumbra a separação entre o negócio translativo e o pacto fiduciae.*[86]

Como se pode observar, essa subdivisão apresentada por Marcelo Chiavassa de Melo Paula Lima é extremamente válida, em que pese não substituir a classificação mais ampla anteriormente apresentada, em que classifica os negócios fiduciários em de administração e com fins de garantia, que serão mais bem abordados nos subitens adiante.

---

[86] LIMA, MARCELO CHIAVASSA DE MELLO PAULA. Negócios indiretos e negócios fiduciários. Dissertação (Mestrado em Direito). Pontifícia Universidade Católica de São Paulo, São Paulo, 2016. p. 169-170.

2.5.1. *Negócio Fiduciário para gestão e administração patrimonial*

Como o próprio nome sugere, esta espécie de negócio fiduciário é celebrada objetivando a gestão e ou a administração de um patrimônio determinado por parte do fiduciário por manifesto interesse e vontade do fiduciante, devendo aquele exercer o encargo de acordo com os critérios estabelecidos no *pactum fiduciae* e visando ao melhor interesse do fiduciante.

Visando a um melhor aproveitamento, o fiduciário agirá de modo a conservar, administrar ou até explorar o bem recebido por determinado tempo e, quando findo este prazo, deverá restituir referido bem ao fiduciante ou a um terceiro beneficiário indicado por este último.

Veja que, como anteriormente asseverado, em determinadas hipóteses em que o negócio fiduciário para fins de administração patrimonial é celebrado, o fiduciário recebe a propriedade do bem de forma plena e irrestrita, de forma tal que, inclusive, a depender dos poderes que lhe foram outorgados, poderá alienar o bem recebido.

Melhim Namem Chalhub aponta que hodiernamente a modalidade de negócio fiduciário de administração de bens tem ganhado cada vez mais relevância e interesse no mercado. O autor traz o exemplo dos fundos de investimentos em que "*o fiduciante entrega ao fiduciário certa soma de dinheiro para que faça inversões em negócios que deem rentabilidade e promova sua administração, com a obrigação do fiduciário de restituir o capital e seus rendimentos*".[87]

Ainda analisando exemplos práticos do negócio fiduciário para administração, existem outras duas situações em que a finalidade do negócio é a administração do bem: *uma* é para a recomposição patrimonial, em que o fiduciante transfere em fidúcia seu patrimônio para que o fiduciário recupere seu valor ante a inabilidade do fiduciante para tanto; *outra* ocorre quando há a cessão fiduciária para fins societários, prevista no artigo 40 da Lei n. 6.404, de 1976,[88] em que o fiduciante transfere a titu-

---

[87] CHALHUB, MELHIM NAMEM. op. cit. p. 48.
[88] "Art. 40. O usufruto, o fideicomisso, a alienação fiduciária em garantia e quaisquer cláusulas ou ônus que gravarem a ação deverão ser averbados: I — se nominativa, no livro de "Registro de Ações Nominativas"; II — se escritural, nos livros da instituição financeira, que os anotará no extrato da conta de depósito fornecida ao acionista.Parágrafo único. Mediante averbação nos termos deste artigo, a promessa de venda da ação e o direito de preferência à sua aquisição são oponíveis a terceiros".

laridade de suas ações ao fiduciário para que este exerça determinadas atividades estabelecidas no contrato.

2.5.1.1. *Fideicomisso testamentário ou substituição fideicomissária*

Inserido na modalidade de negócio fiduciário para gestão patrimonial, é possível vislumbrar o exemplo do *fideicomisso testamentário* ou *substituição fideicomissária*, devidamente positivado nos artigos 1.951 a 1.960 do Código Civil.

Por meio do fideicomisso testamentário ou substituição fideicomissária, "*o testador institui herdeiros ou legatários, estabelecendo que, por ocasião de sua morte, a herança ou o legado se transmita ao fiduciário, resolvendo-se o direito deste, por sua morte, a certo tempo ou sob certa condição, em favor de outrem, que se qualifica de fideicomissário*".[89]

Como se observa, no fideicomisso testamentário as partes envolvidas são (i) o *testador* ou *fideicomitente* (instituidor), que transfere seus bens e institui a obrigação de ulterior transmissão para o beneficiário fideicomissário; (ii) o *fiduciário*, que, como nos demais negócios fiduciários, recebe os bens do testador (instituidor) assumindo a obrigação de ulteriormente de transferi-los ao beneficiário; e, por fim, (iii) o *fideicomissário* ou *beneficiário*, que receberá os bens a serem transmitidos pelo fiduciário.

O fideicomisso testamentário ou substituição fideicomissária muito se assemelha à figura do *fiducia cum amico* existente no direito romano clássico, em que o instituidor transferia a propriedade da coisa para um amigo, fiduciário, para que este permanecesse com esta coisa por determinado tempo, obrigando-se a retransmiti-la para o próprio instituidor ou para um beneficiário por ele nomeado.[90]

---

[89] Redação do artigo 1.952 do Código Civil.
[90] MARCELO CHIAVASSA DE MELLO PAULA LIMA pondera que o fideicomisso testamentário apresenta características típicas do trust: "A similitude realmente existe. A primeira delas reside no fato de que o trust é caracterizado pela dualidade de negócios jurídicos (coligados), o primeiro deles constituidor do trust e o segundo o ato de transferência da coisa, ao passo que no fideicomisso, embora o negócio jurídico seja único (testamento), se verifica a cisão entre o momento da constituição (testamento) e a transferência do bem (após o falecimento do testador). A segunda semelhança é que em ambos os casos o fiduciário ou trustee não é mero administrador da coisa, mas efetivo proprietário (resolúvel, de acordo com as regras do ato de constituição). A terceira semelhança reside no fato de que a coisa entregue ao fiduciário/trustee não integra o seu patrimônio, mas forma uma massa amorfa que dele

Importante observar que o fideicomisso testamentário pode ser considerado um negócio fiduciário justamente por se vislumbrar a *fidúcia* depositada pelo testador na pessoa do fiduciário, de que este não só administrará os bens, como também o transferirá para o *fideicomissário*. Ademais, apesar de o fiduciário ter a plena propriedade dos bens, esta propriedade é resolúvel e condicionada.

2.5.2. *Alienação com fins de garantia*

Outra modalidade de negócio fiduciário é a alienação com fins de garantia que, como já asseverado, é caracterizável com a venda de um bem de propriedade do fiduciante para o fiduciário que, por sua vez, concedeu-lhe um crédito mediante um empréstimo. Por isso, afirma-se que o negócio fiduciário para fins de garantia será sempre acessório a um outro contrato, normalmente de mútuo ou financiamento.

Segundo Orlando Gomes é o *"instrumento econômico da maior utilidade nas relações comerciais"*, na medida que *"visa a proporcionar ao prestamista maior segurança no recebimento da dívida"*.[91]

Veja, portanto, que o negócio fiduciário para garantia se apresenta como meio de proteger o crédito de modo mais eficaz e célere quando comparado com as demais garantias reais, já que o credor fiduciário, desde o início, possui a propriedade do bem que serve de garantia da dívida. Com isso, por criar um patrimônio de afetação, afasta eventual concorrência com os demais credores do devedor fiduciante.

Ademais, Orlando Gomes ainda pondera que uma das distinções do negócio fiduciário para fim de administração para aquele que visa à garantia está na situação fiduciária, que neste caso é *"exigida pelo credor-adquirente, em seu exclusivo benefício, enquanto na fidúcia-mandato, o fiduciário atua por manifesta conveniência do fiduciante"*.[92]

Outra diferença possível de ser identificada está na volição da restituição do bem pelo credor fiduciário ao devedor fiduciante, uma vez

---

se destaca, impedindo, inclusive, que eventuais credores do fiduciário/trustee possam tomar para si a coisa (muito embora possam se aproveitar dos frutos, aplicando-se o regime supletivo do usufruto). A quarta semelhança, por fim, é que o fiduciário/trustee é responsável pela preservação da coisa, respondendo por perdas e danos pelos prejuízos por ele causados". (in op. cit. p. 228).

[91] GOMES, ORLANDO. op. cit. p. 31.
[92] GOMES, ORLANDO. op. cit. p. 31.

que, na alienação fiduciária para garantia, referida restituição ocorre de forma automática e por expressa determinação legal quando o fiduciante paga a dívida.

Com relação a este ponto, ou seja, de que a restituição do bem anteriormente transferido pelo devedor fiduciante somente ocorre por força de lei, e não, como tipicamente deveria ocorrer, por vontade do credor fiduciário. Por conta disso, não seria possível classificar a alienação fiduciária em garantia como negócio fiduciário típico. A esse respeito, José Carlos Moreira Alves afirma que a *"alienação fiduciária em garantia não se enquadra entre os negócios fiduciários propriamente ditos, diferenciando-se, também, dos negócios fiduciários do tipo germânico"*.[93]

Melhim Namem Chalhub apresenta duas razões que sustentariam esse entendimento de atipicidade da alienação fiduciária em garantia. A primeira seria de que *"no negócio fiduciário, a confiança é elemento essencial na relação negocial, tendo em vista a situação de perigo presente na configuração desse negócio, mas a alienação fiduciária em garantia não tem essas características, pois essa espécie de contrato é regulada por lei, que protege o fiduciante contra qualquer espécie de abuso, circunstância que descaracteriza a situação de perigo"*. A segunda, por sua vez, seria que *"a transmissão da propriedade fiduciária é sempre temporária, por definição legal"*, e, como na alienação fiduciária — em caso haja o inadimplemento por parte do devedor fiduciante — há a possibilidade de a propriedade do bem outrora transferido se consolidar na pessoa do credor fiduciário, referido entendimento defende que o negócio fiduciário estaria descaracterizado.[94]

Nesse sentido ainda, Marcelo Chiavassa de Mello Paula Lima pondera que como a alienação fiduciária para garantia tem natureza de direito real e extingue o risco para o devedor fiduciante, *"talvez seja adequado nominar estes negócios como negócios fiduciários impróprios"*.[95]

Entretanto, apesar desse posicionamento, a doutrina majoritária é no sentido de classificar a alienação fiduciária em garantia como sendo contrato típico dos negócios fiduciários.

---

[93] ALVES, José Carlos Moreira. op. cit. p. 32.
[94] CHALHUB, MELHIM NAMEM. op. cit. p. 128-129.
[95] LIMA, Marcelo Chiavassa de Mello Paula. op. cit. p. 185-186.

2.6. Negócio fiduciário, negócio simulado e negócio indireto

Necessário ainda trazer para discussão — contudo, sem qualquer pretensão de esgotar o assunto —, no que concerne ao negócio fiduciário, sua distinção com relação ao negócio simulado, questão que, por longo tempo, gerou grandes embates entre os doutrinadores.

Como acima foi amplamente asseverado, o negócio fiduciário é caracterizado pelo negócio jurídico no qual o fiduciante transfere a propriedade de uma coisa ou direito para o fiduciário, sendo desde o início estabelecido uma determinada finalidade para utilização deste bem/direito, bem como obrigações mútuas, dentre as quais está a obrigação de o fiduciário restituir a propriedade da coisa/direito ao fiduciante, quando este vier a adimplir a obrigação assumida.

Alfredo Buzaid, citando o entendimento de Carlo Fadda, afirma que o negócio fiduciário poderia ser configurado um caso de negócio de simulação relativa, na medida que havia a simulação dos efeitos reais, mas não para os efeitos obrigacionais.[96]

Assim, nos termos do artigo 167, §1º do Código Civil, considera-se que haverá simulação toda vez que houver transmissão ou conferência de direitos a pessoas diversas daquelas às quais realmente se pretendia conferir ou transmitir; contiver declaração, confissão, condição ou cláusula não verdadeira; ou ainda, quando os instrumentos particulares contiverem divergência de data, sendo antedatados ou pós-datados.[97]

Ainda, de acordo com a doutrina de Judith Martins-Costa, o negócio simulado visa a prejudicar ou enganar terceiros,[98] "*e isto porque, o negócio jurídico simulado é sempre fictício porquanto não desejado pelas partes que se*

---

[96] FADDA, Carlo, Vendita a Scopo di Garanzia, em Annuario Critio di Giurisprudencia Pratica, 1894. p. 47 apud Buzaid, Alfredo. op. cit. p. 33-34. O prof. Alfredo Buzaid ainda afirma que compactuavam com essa mesma opinião os doutrinadores italianos Salvatore Romano, Arnaldo Valente e Roccangelo Nitti, bem como o alemão Fritz Goltz (nota 61).

[97] A saber, o artigo 167, §1º do Código Civil de 2002 é correspondente ao artigo 102 do Código Civil de 1916.

[98] "Como é sabido a simulação constitui um dos defeitos que atacam o ato jurídico em sua gênese com 'perturbação do processo formativo da vontade' apresentando três elementos, a saber, a intencionalidade da divergência entre a vontade e a declaração, o acordo simulatório e o intuito de enganar terceiros". (Martins-Costa, Judith. Os negócios fiduciários — considerações sobre a possibilidade de acolhimento do "trust" no direito brasileiro. Revista dos Tribunais, Ed. Revista dos Tribunais, vol. 657, de julho/1990, p. 42).

valem dele, apenas, para ocultar o negócio jurídico dissimulado, que é o verdadeiro (simulação relativa) ou, então, para criar simplesmente uma aparência (simulação absoluta), hipóteses em que ou não se quis aquele negócio jurídico que é mostrado, ou não se quis nenhum ato jurídico".[99]

Da conceituação de negócio simulado é plenamente possível vislumbrar que o mesmo em nada se confunde com o negócio fiduciário, que, seguindo a teoria dualista, seria *"a combinação de dois negócios verdadeiros, sendo um real (transferência da propriedade) e outro obrigatório (que é caracterizado pelo fator confiança decorrente da obrigação de restituição da propriedade ao transmitente, com o exaurimento do contrato".*[100]

Ao celebrarem o negócio fiduciário as partes têm a real intenção de firmar um contrato que preveja a situação pretendida de transferir a propriedade de um determinado bem em caráter resolúvel, de modo que cumprida a obrigação do transmitente fiduciante, este retomará a propriedade do bem. E somente agem dessa forma quando ausente a positivação do negócio pretendido.

É preciso ter bem clara a vontade das partes quando firmam o contrato: no negócio fiduciário, tanto o próprio negócio jurídico, quanto seus os efeitos decorrentes são desejados pelas partes e realmente pretendidos; por outro lado, no negócio simulado o que as partes ensejam é enganar terceiros, para tanto celebram um negócio jurídico que, ao menos em parte, não é almejado por elas.

Outra questão que foi ampla e abertamente debatida entre os doutrinadores que estudaram a matéria diz respeito à similitude — ou possível classificação — do *negócio fiduciário* com o *negócio indireto*.

José Carlos Moreira Alves leciona que o negócio jurídico se diz indireto quando as partes recorrem a um negócio jurídico típico, sujeitando-se à sua disciplina formal e substancial, para alcançar um fim prático ulterior, que não corresponde ao fim normalmente atingido por meio desse negócio.[101]

Diante dessa conceituação, seria possível considerar que o negócio fiduciário poderia ser considerado como negócio indireto, na medida em

---

[99] MARTINS-COSTA, JUDITH. op. cit. p. 42.
[100] DANTZGER, AFRANIO CARLOS CAMARGO. Alienação fiduciária de bens imóveis: lei nº 9.514/1997: aplicação prática e suas consequências. Salvador: JusPODIVM, 2018. p. 35.
[101] ALVES, JOSÉ CARLOS MOREIRA. op. cit., p. 5.

que as partes acabam por firmar um instrumento que, no fim e ao cabo, serve para finalidade distinta daquela pela qual o instrumento originariamente foi criado. A título de exemplo, tem-se a alienação fiduciária em garantia, na qual por meio de um instrumento de venda e compra as partes não desejam efetivamente a alienação daquele bem, que, na verdade, tem a função apenas de garantir um contrato conexo, normalmente de mútuo.

Tanto assim, que Tullio Ascarelli afirma que o negócio fiduciário constitui um negócio indireto: o fim realmente visado pelas partes, com efeito, não corresponde ao fim típico do negócio adotado: o negócio é querido e seriamente querido pelas partes, mas para fim diverso do seu fim típico.[102]

Entretanto, novamente trazendo os ensinamentos do Alfredo Buzaid, tem-se a distinção entre os negócios:

> o negócio fiduciário e o negócio simulado têm em comum a incidência de um motivo que exceda a causa do negócio, mas diferem entre si em que o negócio indireto é empregado não para a consecução de um escopo típico que o vincula à ordem jurídica, mas de objetivos ulteriores, mediatos, indiretos que assumem o aspecto de motivos e não de causa do negócio.

Em que pese a discussão doutrinária sobre a existência ou não de similitudes entre negócio indireto e negócios fiduciário, e até se este é espécie daquele, são de pouca relevância, como pondera Otto de Sousa Lima, uma vez que os negócios fiduciários continuam com suas características próprias, possuindo elementos estruturais próprios e, principalmente, finalidades próprias.[103]

---

[102] ASCARELLI, TULLIO. Problemas das Sociedades Anônimas e Direito Comparado. Campinas: Bookseller, 2001, p. 159.
[103] LIMA, OTTO DE SOUSA. op. cit. p. 207-208.

3. ALIENAÇÃO FIDUCIÁRIA DE BEM IMÓVEL

3.1. Considerações gerais

Conforme explicitado nos capítulos antecedentes, a alienação fiduciária em garantia — seja de bens móveis, seja de bens imóveis —, é espécie cujo gênero é o negócio fiduciário. E a alienação fiduciária efetivamente surge no ordenamento jurídico brasileiro por meio da positivação trazida pelo artigo 66 e respectivos parágrafos da Lei n. 4.728, de 1965, a qual previa a sua utilização em bens móveis apenas no mercado de capitais.

Ulteriormente, referidos dispositivos foram modificados pelo Decreto-Lei n. 911, de 1969, pela Medida Provisória n. 2.160-25, de 23 de agosto de 2001, e, mais recentemente, pela Lei n. 10.931/2004. Entretanto, como já salientado, tais diplomas disciplinavam somente a alienação fiduciária em garantia de bens móveis, nada dispondo sobre os bens imóveis, que é, de fato, o objeto do presente estudo, apesar das discussões doutrinárias sobre a possibilidade de aplicação subsidiária desses diplomas também para os bens imóveis.

A normatização da alienação fiduciária em garantia de bens imóveis apenas ocorreu com a promulgação da Lei n. 9.514, de 20 de novembro de 1997, em que, dentre outras questões, a partir de seu artigo 22 regulamentava o instituto aqui estudado. Além de pôr fim à discussão doutrinária sobre a aplicação subsidiária anteriormente mencionada, a positivação da alienação fiduciária em garantia de bens imóveis visava a, não unicamente criar um novo tipo de garantia real, mas também a fomentar a atividade empresarial imobiliária, o que foi expresso na exposição de motivos do projeto da referida lei.

Tais objetivos são também sintetizados por Jose Carlos Moreira Alves, que, ainda que tratando somente sobre a alienação fiduciária em garantia de bens móveis, já asseverava que "*a hipoteca, o penhor e a anticrese, não mais satisfazem a uma sociedade industrializada, nem mesmo nas relações creditícias entre pessoas físicas, pois apresentam graves desvantagens pelo custo e morosidade em executá-las, ou pela superposição a elas de privilégios em favor de certas pessoas, especialmente do Estado*".[104]

Especificadamente sobre os motivos da Lei n. 9.514, de 1997, Arnoldo Wald, expõe que:

> *o projeto de lei permite a aplicação, na negociação de bens imóveis, do contrato de alienação fiduciária, que já integra nosso ordenamento jurídico quanto aos bens móveis. Reside aí a grande inovação: por oferecer segurança quanto à execução sem delongas da garantia, o contrato de alienação fiduciária constitui poderoso estímulo ao crédito, ao investimento nos Certificados de Recebíveis Imobiliários e, portanto, à aquisição e produção de imóvel mediante pagamento a prazo. Trata-se de verdadeira pedra angular do novo modelo de financiamento habitacional ora proposto.*[105]

Ainda no que concerne a Lei n. 9.514, de 1997, importante destacar a grande inovação por ela trazida que foi a ampliação irrestrita da aplicação da alienação fiduciária imobiliária, já que os ordenamentos anteriores limitavam sua aplicação para determinados setores, como por exemplo, a já destacada Lei n. 4.728, de 1965, que, originariamente, restringia a utilização do instituto da alienação de bem móvel apenas para garantia de créditos constituídos no âmbito dos mercados financeiro e de capitais.

Como se verá adiante, a Lei n. 9.514, de 1997 permitiu que a alienação fiduciária imobiliária fosse constituída por qualquer pessoa — física ou jurídica — para garantia do cumprimento de qualquer espécie de obrigação.

De fato, não fazia sentido para a atividade comercial a ausência de um regramento próprio e específico para alienação fiduciária em garantia de bens imóveis, que desde o início da década de 1990 vinha ganhando maior relevância. Daí porque o surgimento da alienação fiduciária em garantia de bem imóvel tem grande relevância que justifica o presente estudo.

---

[104] Alves, Jose Carlos Moreira. Op. cit. p. 3.
[105] Wald, ARNOLDO. Op. cit., p. 259.

A esse respeito, Eduardo Chulam afirma que "*a Lei n. 9.514/97 surgiu com vista a viabilizar um maior ingresso de investimentos no setor imobiliário, dada a previsão de um rito mais célere de recuperação do bem e do crédito no caso de inadimplência*" e completa dizendo que com isso "*o setor se tornaria mais dinâmico e atraente ao capital, inclusive estrangeiro*".[106]

Curioso notar que a alienação fiduciária tal como foi adotada por nosso ordenamento jurídico, distanciou-se, em certa medida, da ideia original da fidúcia, assim entendida como a confiança do fiduciante no fiduciário. Como se verifica, nosso ordenamento utiliza a alienação fiduciária tão somente com o fim precípuo de garantia do adimplemento da obrigação assumida em negócio jurídico.

Ultrapassadas essas suscintas digressões sobre o trâmite até a promulgação da Lei n. 9.514/1997, bem como os motivos e objetivos de sua promulgação, passa-se então para a análise específica da alienação fiduciária em garantia de bens imóveis.

3.2. Conceituação

Consoante exposto anteriormente, a alienação fiduciária em garantia de bens imóveis foi efetivamente positivada pelo artigo 22 da Lei nº 9.514, de 1997, que a define como sendo "*o negócio jurídico pelo qual o devedor, ou fiduciante, com o escopo de garantia, contrata a transferência ao credor, ou fiduciário, da propriedade resolúvel de coisa imóvel*".

Conforme se observa, e seguindo a classificação exposta em capítulo antecedente, o contrato que disciplina a alienação fiduciária em garantia de bem imóvel pode ser tipificado como sendo um negócio jurídico *bilateral* (já que estabelece obrigações para ambas as partes), *oneroso* (ambas as partes assumem encargos econômico-financeiros), *solene* (ou formal, na medida em que, como será mais bem abordado em item próximo, faz-se necessário seu registro junto ao Cartório de Registro de Imóveis, na matrícula do imóvel alienado fiduciariamente) e *acessório* (vez que sempre objetiva a garantir outra situação ou contrato).[107]

---

[106] Chulam, EDUARDO. Aspectos processuais na alienação fiduciária de bens imóveis. Dissertação de Mestrado em Direito. Faculdade de Direito da Universidade de São Paulo. 2016. p. 58.
[107] Como já destacado, segundo MARCELO TERRA: "o contrato de alienação fiduciária em garantia é de natureza acessória, pois sempre dependente de um contrato principal, quer de venda e compra ou de mútuo, podendo ser firmada em dois momentos absolutamente distintos" (TERRA, MARCELO. Op. cit. p. 22-23).

Ainda, segundo a redação original do parágrafo único do supramencionado artigo, a alienação fiduciária poderia ser contratada por qualquer pessoa física ou jurídica (não sendo restrita, portanto, às entidades operadoras do Sistema de Financiamento Imobiliário (SFI)) e teria como objeto qualquer imóvel, concluído ou em construção. Ulteriormente, o parágrafo único foi modificado e desmembrado em dois parágrafos pela Medida Provisória n. 2.223, de 2001 e pelas Leis n. 10.931, de 2004, n. 11.076, de 2004 e, por fim, pela n. 11.481, de 2007, cuja redação permanece inalterada desde então.[108]

As modificações trazidas por referidos ordenamentos, em certa medida, ampliaram o objeto da alienação fiduciária em garantia — como será melhor abordado mais adiante neste trabalho —, bem como trouxeram de forma mais clara o elemento da resolutividade da transmissão da propriedade da coisa imóvel em garantia.

Deste modo, tem-se que a alienação fiduciária em garantia é um negócio jurídico acessório, firmado por instrumento público ou particular, pelo qual o devedor fiduciante transfere a propriedade em caráter resolúvel de coisa imóvel para o credor fiduciário como forma de garantir determinada dívida.

Assim, o credor fiduciário figura como proprietário-fiduciário resolúvel da coisa, uma vez que, em sendo adimplida a dívida, a coisa se consolidará no patrimônio do devedor fiduciante, que se tornará seu proprietário em definitivo. Importante destacar a divisão da posse do bem imóvel, sendo que a posse direta do bem ficará com o devedor fiduciante, enquanto o credor fiduciário ficará com a posse indireta.

Nesse contexto, de grande valia é a definição estabelecida por Orlando Gomes, na qual assevera que na alienação fiduciária em garantia:

> o [credor] fiduciário passa a ser dono dos bens alienados pelo [devedor] fiduciante. Adquire, por conseguinte, a propriedade desses bens, mas, como no próprio título de constituição desse direito, está estabelecida a causa de sua

---

[108] Cumpre informar que o artigo 22, § 1º, inciso IV teve sua redação modificada pela Medida Provisória nº 700, de 2015, que ainda incluía o inciso V ("os direitos oriundos da imissão provisória na posse, quando concedida à União, aos Estados, ao Distrito Federal, aos Municípios ou às suas entidades delegadas, e respectiva cessão e promessa de cessão"). Entretanto, em razão do término da vigência de referida medida, as modificações não foram incorporadas à Lei nº 9.514, de 1997.

> *extinção, seu titular tem apenas propriedade restrita e resolúvel. O fiduciário não é proprietário pleno, senão titular de um direito sob condição resolutiva. (...) trata-se de negócio translativo vinculado a negócio obrigacional, com eficácia subordinada ao adimplemento da obrigação assumida, no contrato, pelo fiduciante. Contrai o fiduciário, por outro lado, a obrigação de restituir, se o fiduciante paga a dívida. Esse pagamento atua como condição resolutiva, pondo termo à propriedade resolúvel.*[109]

Extrai-se desse conceito, sem ser diferente — até porque, conforme assentado neste trabalho nos capítulos anteriores, por se tratar a alienação fiduciária em garantia espécie do gênero negócio fiduciário —, que o credor fiduciário não possuirá a propriedade plena da coisa imóvel enquanto esta não for consolidada em seu nome, seja em razão do caráter resolúvel da transmissão, seja pelo caráter fiduciário do negócio.

É preciso ter muito claro que a alienação fiduciária em garantia é apenas e tão somente o instrumento pelo qual há a constituição da propriedade fiduciária — esta sim, a garantia real, como bem asseverado por Jose Carlos Moreira Alves.[110]

Isso se faz mandatório na medida em que o artigo 17 da Lei n. 9.514, de 1997 estabelece que as operações de financiamento imobiliário poderão ser garantidas por hipoteca, cessão fiduciária de direitos creditórios decorrentes de contratos de alienação de imóveis, caução de direitos creditórios ou aquisitivos decorrentes de contratos de venda ou promessa de venda de imóveis, ou por alienação fiduciária de coisa imóvel. E seu parágrafo primeiro complementa que estas últimas três constituem direito real sobre os respectivos objetos.

Entretanto, entende-se que o legislador andou mal ao assim estabelecer, uma vez que, como analisado no capítulo anterior, o direito real é a propriedade fiduciária constituída pelo contrato de alienação fiduciária em garantia, que, como visto, é apenas o instrumento pelo qual se constituiu a propriedade fiduciária.

Para a efetiva constituição deste direito real, imperioso se faz o registro do contrato de alienação fiduciária em garantia junto à matrícula do imóvel no Registro de Imóveis competente, conforme expressamente

---

[109] GOMES, ORLANDO. Op. cit. p. 22.
[110] ALVES, Jose Carlos Moreira. Op. cit. p. 41.

estabelecido no artigo 23 da Lei n. 9.514, de 1997, que segue em consonância com o quanto disposto no artigo 676 do Código Civil de 1916 (correspondente ao artigo 1.227 do Código Civil de 2002).[111]

De tal forma, é possível constatar que o registro do contrato da alienação fiduciária em garantia, além de provocar efeito *erga omnes*, traz segurança ao credor fiduciário, já que, desde este momento, há a garantia de que, caso se verifique eventual inadimplemento por parte do devedor fiduciante, ingressará ao seu patrimônio em definitivo o bem imóvel, após a realização de determinados e específicos procedimentos e atos extrajudiciais.

3.3. Elementos essenciais do contrato

Conforme acima asseverado, *alienação fiduciária em garantia de bem imóvel* é o negócio jurídico em que devedor fiduciante, na confiança e com o objetivo de garantia, transfere a propriedade resolúvel de um bem imóvel de sua titularidade para o credor fiduciário estabelecendo, desde o início, a obrigação de que este bem, adimplida determinadas obrigações, será retransmitido ao proprietário original (devedor fiduciante).

Ademais, em linhas gerais, por se tratar de negócio jurídico, a alienação fiduciária deve respeitar e conter os requisitos gerais dos negócios jurídicos. Devem, portanto, ser observadas as regras exigidas para qualquer negócio jurídico, contidas no artigo 104 do Código Civil, isto é, agentes capazes (*sujeitos*); objeto lícito, possível, determinado ou determinável (*objeto*); e forma prescrita ou não defesa em lei (*forma*).

Superada qualquer dúvida com relação ao conceito do instituto da alienação fiduciária em garantia de bens imóveis, é necessário então extrair seus elementos e requisitos essenciais, que, certamente, auxiliarão na sua correta interpretação, bem como na sua utilização de forma ampla e irrestrita.

3.3.1. *Sujeitos*

De plano, revisitando o conceito da alienação fiduciária em garantia de bem imóvel, que, segundo a legislação competente, é o negócio jurídico

---

[111] Cuja redação é "Art. 676: Os direitos reais sobre imóveis constituídos, ou transmitidos por atos entre vivos só se adquirem depois da transcrição ou da inscrição, no registro de imóveis, dos referidos títulos (arts. 530, n I, e 856 [arts. 1.245 a 1.247 do Código Civil de 2002]), salvo os casos expressos neste Código".

pelo qual o devedor fiduciante firma contrato com o credor fiduciário transferindo a propriedade resolúvel de coisa imóvel com o objetivo de garantir um outro contrato principal, normalmente um mútuo ou financiamento de uma dívida (artigo 22, da Lei n. 9.514, de 1997).

Desta conceituação, nota-se com facilidade quem são os sujeitos da alienação fiduciária em garantia, sendo uma das partes o *devedor fiduciante* e a outra, o *credor fiduciário*.

Conforme explicitado em outras oportunidades deste trabalho, o devedor fiduciante é a pessoa quem transfere a propriedade resolúvel de uma coisa móvel sua, a fim de garantir o pagamento de uma dívida contraída perante o credor fiduciário. Por outro lado, este (credor fiduciário) é a pessoa quem recebe a coisa imóvel em garantia do crédito que possui frente aquele, devedor fiduciante, comprometendo-se, desde o início da celebração do contrato, a restituir a coisa imóvel caso haja o total adimplemento daquele.

Ainda, segundo a legislação (artigo 22, § 1º, da Lei n. 9.514, de 1997), ressalta-se que a alienação fiduciária em garantia poderá ser contratada por toda e qualquer pessoa física ou jurídica, seja nacional, estrangeira ou, ainda, a esta equiparável.

Cabe aqui apenas um pequeno aparte — até porque a questão será melhor abordada em capítulo mais adiante — sobre a legitimidade e admissibilidade de a pessoa estrangeira figurar como credora fiduciária em contrato de alienação fiduciária em garantia de bem imóvel rural (cuja área seja superior a 3 módulos e menor do que 50 módulos), uma vez que há entendimento jurisprudencial inadmitindo essa possibilidade, por entender que estaria em confronto como disposto no artigo 1º da Lei n. 5.709, de 1971.

Considerando a discussão doutrinária havida com relação às restrições existentes na alienação fiduciária em garantia de coisa móvel,[112] e

---

[112] A esse respeito, colaciona-se o excerto da obra de Luiz Augusto Beck da Silva: "O sujeito ativo do negócio jurídico que se estabelece entre as partes contraentes é, em regra, a pessoa jurídica que concede o financiamento, denominada de sociedade de crédito, financiamento e investimento ou simplesmente instituição financeira (v. § 2º do art. 10 do Dec.-Lei nº 413/69, Dec.-Lei nº 60.501/67, art. 186 § 2º e Dec. nº 62.789, de 30-5-68). Também conhecido como credor, adquirente, fiduciário, proprietário-fiduciário, o sujeito ativo (sociedade de crédito) é constituído sob a forma de sociedade anônima, especializada basicamente em operações de abertura de crédito mediante aceite de letras de câmbio para

que a referida Lei n. 9.514, de 1997 dispõe sobre o Sistema de Financiamento Imobiliário (SFI) — em que, de acordo com seu artigo 1º, tem por finalidade promover o financiamento imobiliário em geral — poder-se-ia, em um primeiro momento, questionar se a alienação fiduciária estaria restrita somente para as entidades autorizadas a operar no SFI.[113]

Entretanto, a redação do artigo 22, parágrafo único, originariamente, e primeiro, após a modificação promovida pela Lei nº 11.481, de 2007, da mencionada lei, sempre deixou muito claro a ressalva de que a alienação fiduciária em garantia poderia ser contratada por toda e qualquer pessoa, *"não sendo privativa das entidades que operam no SFI"*.

Por se tratar de espécie de negócio jurídico, tanto o devedor fiduciante, como o credor fiduciário, ao celebrarem o contrato de alienação fiduciária em garantia, deverão ser *capazes* para firmar o contrato e, principalmente para dispor de seus bens. Isso porque, como asseverado por Melhim Namem Chalhub, *"pois esse contrato encerra a transmissão da propriedade de um imóvel do devedor fiduciante para o credor fiduciário e, subsequentemente, a reversão da propriedade para o fiduciante, se realizada a condição"*.[114]

Eventualmente, a depender do negócio a ser realizado, haverá ainda uma *terceira* pessoa envolvida no contrato de alienação fiduciária em garantia, que seria um terceiro interveniente, o qual, sendo proprietário

---

financiamento de compra de bens e serviços, efetuadas por consumidor ou usuário final. No entanto, o entendimento que restringe o âmbito da aplicação da alienação fiduciária em garantia não é pacífico sobretudo na doutrina. Opiniões respeitáveis sedimentam-se num e noutro lado. Assim, Alfredo Buzaid, Aderbal da Cunha Gonçalves, Arnold Wald, Orlando Gomes, Oswaldo e Silvia Opitz, João Bosco Cavalcanti Lana e Paulo Barreto entendem que somente a entidade financeira pode se valer do instituto sob análise nas operações admitidas em lei, ao passo que Egon Feliz Gottschalk, Euler da Cunha Peixoto, Luiz Alberto da Silva e Jackson Rocha Guimarães defendem a tese de que a figura jurídica não é privativa das sociedades de crédito" (in. op. cit. 1998. p. 35)

[113] A saber, de acordo com o artigo 2º da Lei nº 9.514, de 1997, "poderão operar no SFI as caixas econômicas, os bancos comerciais, os bancos de investimento, os bancos com carteira de crédito imobiliário, as sociedades de crédito imobiliário, as associações de poupança e empréstimo, as companhias hipotecárias e, a critério do Conselho Monetário Nacional — CMN, outras entidades" e, segundo o artigo 3º "as companhias securitizadoras de créditos imobiliários, instituições não financeiras constituídas sob a forma de sociedade por ações, terão por finalidade a aquisição e securitização desses créditos e a emissão e colocação, no mercado financeiro, de Certificados de Recebíveis Imobiliários, podendo emitir outros títulos de crédito, realizar negócios e prestar serviços compatíveis com as suas atividades".

[114] CHALHUB, MELHIM NAMEM. op. cit. p. 244.

de um bem imóvel, o transfere ao credor fiduciário visando a garantir o cumprimento da obrigação assumida pelo devedor fiduciante. Com relação a essa questão, merece destaque os ensinamentos de Arnoldo Wald:

> *Dúvida que logo surge é a que pertine à possibilidade de constituição desse tipo de garantia por parte de terceiros, não integrante da relação jurídica creditícia existente entre credor e devedor, que aliene fiduciariamente imóvel de sua propriedade para garantir aquela operação, passando a figurar como interveniente/fiduciante. Não vemos problema algum, porquanto, como já tivemos oportunidade de ressaltar, a Lei 9.514/1997 é daquelas que inauguram uma fase de legislação com menor interferência do Estado nas relações privadas, deixando, nesse particular, ao alvedrio das partes estipularem o que for conveniente aos seus interesses. E, em não havendo vedação legal, é permitida a constituição da garantia por terceiro, como aliás ocorre em relação à hipoteca.*[115]

Outra possibilidade ainda de uma terceira pessoa figurar no contrato de alienação fiduciária em garantia de bens imóveis é aquela, possivelmente a mais comum, oriunda das incorporações imobiliárias, em que há a inclusão da entidade financiadora na relação. Esta, efetua um contrato de mútuo para o devedor fiduciante para que este adquira a integralidade de um bem imóvel do incorporador, sendo que aquele, em ato contínuo e concomitante, aliena fiduciariamente o imóvel recém adquirido à financiadora, que passará a figurar como credora fiduciária.

Portanto, como se verifica, a alienação fiduciária em garantia de bem imóvel, por expressa determinação legal, pode ser firmada por toda e qualquer pessoa capaz, jurídica ou física, nacional ou estrangeira.

3.3.2. *Objeto*

Seguindo nos elementos essenciais da alienação fiduciária em garantia, tem-se que a redação do artigo 22, §1º da Lei n. 9.514, de 1997 estabelece que poderá ser objeto de alienação fiduciária imobiliária o bem imóvel, e, além da propriedade plena, (i) os bens enfitêuticos, hipótese em que será exigível o pagamento do laudêmio, se houver a consolidação do

---

[115] WALD, ARNALDO. op. cit. p. 261.

domínio útil no fiduciário; (ii) o direito de uso especial para fins de moradia; (iii) o direito real de uso, desde que suscetível de alienação; e (iv) a propriedade superficiária.

Como já ressaltado anteriormente, a Lei n. 9.514, de 1997 teve a redação de seus dispositivos modificadas por normas ulteriores, de modo que na redação original de seu artigo 22, §1º, o legislador havia optado, equivocadamente, por explicitar que o objeto da alienação fiduciária seria os imóveis concluídos ou em construção. Referida especificidade confrontava o disposto no artigo 43 do Código Civil de 1916, então vigente, que definia o bem imóvel de forma mais ampla, considerando não apenas o solo, mas tudo aquilo que fosse a ele incorporado pelo homem ou naturalmente.[116-117]

Depois das ulteriores alterações trazidas, mais especificamente pela Lei n. 11.481, de 2007, passou-se a permitir a alienação fiduciária em garantia aos bens imóveis, propriamente ditos, como também a direitos reais considerados, para efeitos legais, bens imóveis, conforme disposto no artigo 79 do Código Civil de 2002 (vigente à época desta última modificação legislativa).

Analisando cada uma das espécies de bens imóveis que podem ser objeto da alienação fiduciária em garantia aqui estudada, tem-se, o

---

[116] A saber: "Art. 43. São bens imóveis:
I. O solo com os seus acessórios e adjacências naturais compreendendo a superfície, as árvores e frutos pendentes, o espaço aéreo e o subsolo.
II. Tudo quanto o homem incorporar permanentemente ao solo, como a semente lançada à terra, os edifícios e construções, de modo que se não possa retirar sem destruição, modificação, fratura ou dano.
III. Tudo quanto no imóvel o proprietário mantiver intencionalmente empregado em sua exploração industrial, aformoseamento, ou comodidade".

[117] A respeito dessa discussão, interessante é a crítica apresentada por ARNOLDO WALD: "O objeto da garantia de que se trata está expressamente consagrado na lei, no já citado art. 22 da Lei 9.514/1997, como sendo a coisa imóvel, merecendo crítica, entretanto, a referência contida no parágrafo único daquele artigo, quando se refere a "imóvel concluído ou em construção". É que tal expressão pode levar a entender que apenas a propriedade constante de edificação poderia ser objeto da garantia, excluindo-se aquelas outras em situação diversa, como um terreno, por exemplo. Assim, entendemos, sem qualquer dúvida, que o imóvel sem edificação pode ser objeto da alienação fiduciária, tendo o art. 22, parágrafo único, da Lei 9.514/1997 incorrido em imprecisão legislativa. Quando ao caput refere-se à coisa imóvel, o seu parágrafo único não deveria limitá-la à propriedade imóvel construída ou em construção" (op. cit. p. 262).

primeiro deles, os bens enfiteuses, os quais são regidos pelos artigos 678 e seguintes do Código Civil de 1916,[118] que estabelecem que a enfiteuse é contrato perpétuo por meio do qual o proprietário transmite ao enfiteuta o domínio útil de um imóvel, devendo este pagar àquele uma pensão, ou foro anual, certo e invariável. Como aqui há a transmissão ao enfiteuta do domínio útil do imóvel — permanecendo o proprietário com o domínio direto da coisa — aquele pode dispor livremente de seu direito real.

Como expressamente estabelecido no artigo 22, §1º, inciso I, parte final, da Lei n. 9.514, de 1997, somente com a eventual e futura consolidação da propriedade em nome do credor fiduciário é que este deverá pagar o laudêmio ao senhorio direto em razão da enfiteuse.

Já o direito de uso especial para fins de moradia ou o direito real de uso são expressamente direito real (artigo 1.225, incisos VIII e IX do Código Civil de 2002), de modo que também podem ser objeto de alienação fiduciária em garantia assim como, por exemplo, a própria propriedade plena do imóvel.

De acordo com Rosangela Luft, "*a concessão de direito real de uso trata-se de um direito real resolúvel sobre coisa alheia, a qual pode ser bem público ou privado, onde o bem é destinado à utilização privativa, devendo sua utilização se enquadrar nas hipóteses específicas estabelecidas pela legislação*".[119] Mais especificamente sobre o direito de uso especial para fins de moradia, Hely

---

[118] Cumpre observar, que nos termos do artigo 2.038 do Código Civil de 2002, é defesa a constituição de novas enfiteuses e subenfiteuses, conforme redação:
"Art. 2.038. Fica proibida a constituição de enfiteuses e subenfiteuses, subordinando-se as existentes, até sua extinção, às disposições do Código Civil anterior, Lei n o 3.071, de 1 o de janeiro de 1916, e leis posteriores.
§ 1º Nos aforamentos a que se refere este artigo é defeso:
I — cobrar laudêmio ou prestação análoga nas transmissões de bem aforado, sobre o valor das construções ou plantações;
II — constituir subenfiteuse.
§ 2º A enfiteuse dos terrenos de marinha e acrescidos regula-se por lei especial".
[119] LUFT, ROSÂNGELA. Concessão de direito real de uso. Enciclopédia jurídica da PUC-SP. CELSO FERNANDES CAMPILONGO, ALVARO DE AZEVEDO GONZAGA E ANDRÉ LUIZ FREIRE (coords.). Tomo: Direito Administrativo e Constitucional. VIDAL SERRANO NUNES JR., MAURÍCIO ZOCKUN, CAROLINA ZANCANER ZOCKUN, ANDRÉ LUIZ FREIRE (coord. de tomo). 1. ed. São Paulo: Pontifícia Universidade Católica de São Paulo, 2017. Disponível em: https://enciclopediajuridica.pucsp.br/verbete/16/edicao-1/concessao-de-direito-real-de-uso acessado em 3/11/2019.

Lopes Meirelles complementa que o mesmo é *"um contrato administrativo pelo qual o Poder Público atribui a utilização exclusiva de um bem de seu domínio particular, para que o explore segundo sua destinação específica. A concessão pode ser remunerada ou gratuita, por tempo certo ou indeterminado, mas deverá sempre ser precedida de autorização legal"*.[120]

Em que pese o detentor do direito de uso, para fins de moradia ou não, possuir, a depender dos termos da concessão, todos os direitos inerentes à propriedade, mister observar que, em caso de inadimplemento do devedor fiduciante, não haverá consolidação da propriedade em nome do credor fiduciário, já que é imóvel pertencente ao Poder Público. Assim, o credor fiduciário terá apenas o direito de promover o leilão do direito especial de uso para fins de moradia.

Dentre os possíveis objetos da alienação fiduciária, a propriedade superficiária é aquela que, possivelmente, desperta maiores explicitações. Nos termos do artigo 1.369 do Código Civil de 2002, o proprietário poderá conceder a outrem o direito de construir ou de plantar em seu terreno, por tempo determinado. Como se nota, há aqui uma divisão da propriedade do imóvel: de um lado, aquela do solo em si, e, de outro, a propriedade superficiária, destinada às construções e ou plantações a serem inseridas no terreno.

A respeito dessa questão, Melhim Namem Chalhub esclarece que em razão dessas *"características, a construção pode ser alienada fiduciariamente e o terreno permanecer livre de qualquer ônus, e vice-versa, sendo certo que a responsabilidade patrimonial do titular do solo e a do titular da propriedade superficiária* são condicionadas e demarcadas pela autonomia dos seus respectivos direitos de propriedade, permanecendo segregados e incomunicáveis os direitos, inclusive creditórios, e as obrigações dos patrimônios dos quais façam parte".[121]

O autor ainda complementa, trazendo sua contribuição para a promulgação dos Enunciados n. 249 e 321 das Jornadas de Direito Civil, as quais, sumariamente, estabelecem que, quando da instituição da propriedade superficiária, *"os direitos e obrigações vinculados ao terreno e, bem assim, aqueles vinculados à construção ou à plantação formam patrimônios*

---

[120] MEIRELLES, HELY LOPES. Direito administrativo brasileiro. 35. ed. São Paulo: Malheiros, 2009. p. 534.
[121] CHALHUB, MELHIM NAMEM. op. cit. p. 247.

distintos e autônomos, respondendo cada um dos seus titulares exclusivamente por suas próprias dívidas e obrigações, ressalvadas as fiscais decorrentes do imóvel".[122]

Essa divisão de patrimônio decorrente da instituição da propriedade superficiária tem grande impacto na esfera processual, conforme disposto no artigo 791 do Código de Processo Civil de 2015, uma vez que restou disciplinado que a penhora somente poderá recair sobre o direito real do qual o executado é titular. Assim, é defeso a penhora da propriedade superficiária quando o devedor é o proprietário do terreno. Inclusive, como consequência, o parágrafo primeiro de mencionado artigo determina que os atos de constrição a que se refere o caput serão averbados separadamente na matrícula do imóvel, com a identificação do executado, do valor do crédito e do objeto sobre o qual recai o gravame.

Nesse sentido, é preciso ter bem claro novamente que, em sendo a propriedade superficiária o objeto da alienação fiduciária em garantia, em eventual inadimplemento do devedor fiduciante, o credor fiduciário receberá apenas e tão somente a propriedade superficiária, e não a propriedade plena do imóvel.

Ainda com relação ao objeto, Marcelo Terra faz uma crítica com relação à Lei n. 9.514, de 1997, no sentido que, nos termos do artigo 22 somente autoriza que a alienação fiduciária em garantia recaia sobre a propriedade do bem imóvel, não o estendendo para os *direitos aquisitivos*, conforme excerto: "*Creio, neste particular, que o legislador poderia ter sido mais ousado, permitido que o titular de direito aquisitivos os transmitisse em garantia, flexibilizando, sem quebra dos princípios gerais, novas oportunidades negociais*".[123]

3.3.3. *Forma*

Com relação ao tema que se abordará adiante, qual seja a *forma*, necessário, desde logo, trazer novamente o ensinamento de Jose Carlos Moreira Alves, para quem a alienação fiduciária em garantia de bem imóvel nada mais é que um contrato que serve de título para constituição da propriedade fiduciária (esta sim, de fato, a garantia real).[124]

---

[122] Redação do Enunciado 321 da IV Jornada de Direito Civil.
[123] TERRA, MARCELO. Op. cit. p. 30.
[124] ALVES, JOSÉ CARLOS MOREIRA. op. cit. 1979. p. 32-33.

Deste modo, com relação à *forma*, a alienação fiduciária em garantia de bem imóvel poderá ser contratada tanto por meio de escritura pública, como por meio de instrumento particular, com efeitos de escritura pública, tal como estabelece o artigo 38 da Lei n. 9.514, de 1997.

Assim, como se observa, a lei dispensa a obrigatoriedade da lavratura de escritura pública em Cartório de Títulos e Documentos para constituição, transferência, modificação ou renúncia de direitos reais sobre imóveis, sendo o instrumento particular contrato hábil ao registro no Cartório de Registro de Imóveis da instituição da alienação fiduciária em garantia. Entretanto, ainda que dispensada a escritura pública, o instrumento particular deverá conter a assinatura de duas testemunhas, conforme dispõe o artigo 221, da Lei n. 6.015, de 1973.[125]

Ainda sobre a possibilidade de contratar a alienação fiduciária por meio de instrumento particular com efeito de escritura pública, o que implica na não aplicação da norma do artigo 134, inciso II do Código Civil de 1916 (vigente à época da promulgação da Lei n. 9.514, de 1997),[126] Marcelo Terra comenta que assim agiu o legislador, analogamente ao previsto no Sistema Financeiro da Habitação (Lei n. 4.380, de 1964).[127] Arnoldo Wald complementa esse entendimento asseverando que *"a dispensa da formalidade concernente à escritura pública não é incompatível com os princípios do direito imobiliário e dos registros públicos. E tanto não é que o Dec.-lei 413/1969, de há muito, já previa a hipoteca cedular, dispensando o instrumento público".*[128]

Ocorre que sendo por meio de escritura pública, sendo por instrumento particular, o instrumento que disciplinar a alienação fiduciária em garantia de bem imóvel, deverá conter, obrigatoriamente, os ele-

---

[125] Segue redação: "Art. 221 — Somente são admitidos registro: I — escrituras públicas, inclusive as lavradas em consulados brasileiros; II — escritos particulares autorizados em lei, assinados pelas partes e testemunhas, com as firmas reconhecidas, dispensado o reconhecimento quando se tratar de atos praticados por entidades vinculadas ao Sistema Financeiro da Habitação".

[126] A saber, o artigo 134, do Código Civil de 1916 corresponde ao artigo 108 do Código Civil de 2002, e possuía a seguinte redação: "Art. 134. É, outro sim, da substância do ato o instrumento público: I. Nos pactos antenupciais e nas adoções. II. Nos contratos constitutivos ou translativos de direitos reais sobre imóveis de valor superior a um conto de réis, excetuado o penhor agrícola".

[127] Terra, Marcelo. Op. cit. p. 24.

[128] Wald, Arnaldo. Op. cit. p. 264.

mentos essenciais previstos no artigo 24 da Lei n. 9.514, de 1997, que assim estabelece:

    Art. 24. O contrato que serve de título ao negócio fiduciário conterá:
    I — o valor do principal da dívida;
    II — o prazo e as condições de reposição do empréstimo ou do crédito do fiduciário;
    III — a taxa de juros e os encargos incidentes;
    IV — a cláusula de constituição da propriedade fiduciária, com a descrição do imóvel objeto da alienação fiduciária e a indicação do título e modo de aquisição;
    V — a cláusula assegurando ao fiduciante, enquanto adimplente, a livre utilização, por sua conta e risco, do imóvel objeto da alienação fiduciária;
    VI — a indicação, para efeito de venda em público leilão, do valor do imóvel e dos critérios para a respectiva revisão;
    VII — a cláusula dispondo sobre os procedimentos de que trata o art. 27.

Comentando sobre cada um dos requisitos, tem-se que o primeiro deles diz respeito ao valor apenas e tão somente do *principal* da dívida, não se mostrando necessária a informação relativa aos valores da correção, dos juros, eventuais despesas cartorárias e administrativas. Note-se que o inciso III apenas exige que seja indicada a taxa de juros, o que, não necessariamente, implica na indicação do valor desse encargo.

O prazo e as condições de reposição do empréstimo ou do crédito do fiduciário, inserido no inciso II do supracitado artigo, tem grande relevância quando da celebração do contrato de alienação fiduciária em garantia a fim de deixar cristalina a obrigação que o devedor fiduciante deverá cumprir para que não ocorra a consolidação da propriedade em nome do credor fiduciário.

Quanto à taxa de juros a ser aplicada no contrato de alienação fiduciária, prevista no inciso III, importante observar que as partes são livres em sua pactuação, não havendo que ser imposta qualquer restrição ou limite à fixação da taxa de juros, conforme expressamente dispõem os incisos do artigo 5º da Lei n. 9.514, de 1997.

Isso porque, como anteriormente asseverado, o legislador objetivou com referida lei fomentar a atividade imobiliária e, para tanto, optou por estender as condições especiais do financiamento imobiliário a todas as pessoas envolvidas, sejam, ou não, entidades do SFI. A esse respeito, Melhim Namem Chalhub afirma:

> *Ao permitir a contratação dos financiamentos imobiliários, em geral, mediante as mesmas condições permitidas para as entidades autorizadas a operar no SFI, a Lei 9.514/1997 estendeu a todas as categorias de empresas do mercado imobiliário a legitimação para pactuar as condições essenciais de reajuste, juros e seguros definidas nos incisos I a IV do art. 5º, e, sendo certo que aquelas entidades do SFI reajustam seus créditos com base na TR, resulta claro que as operações imobiliárias podem ser reajustadas com base na TR mensal.*[129]

Continuando com os comentários sobre cada um dos requisitos, tem-se o inciso IV que traz a obrigatoriedade de *"a cláusula de constituição da propriedade fiduciária, com a descrição do imóvel objeto da alienação fiduciária e a indicação do título e modo de aquisição"*.

Como se nota, as partes devem fazer constar uma cláusula que expressamente constitua a propriedade fiduciária, não sendo o contrato de alienação fiduciária em garantia de coisa imóvel em si suficiente para isso. Indo além, insta ainda observar que o artigo 23 da Lei n. 9.514, de 1997 dispõe que somente com o registro do contrato, no competente Registro de Imóveis, é que a propriedade fiduciária do imóvel é constituída. Com isso, imprescindível que o contrato contenha referida cláusula, bem como seja ulteriormente registrado.

Ainda no que concerne o disposto no inciso IV do artigo 24, Marcelo Terra assevera que:

> *a descrição do imóvel e a indicação do título e do modo de sua aquisição devem ser interpretadas harmonicamente, com a lei das escrituras públicas, dispensadora da descrição do imóvel, se urbano, e desde que constem, em registro, sua descrição e caracterização (art. 2º, da lei nº 7.433/85), devendo o instrumento consignar, entre outros elementos, o número do registro ou matrícula, dispensada, portanto, a referência ao contrato ou escritura ou título de origem judicial (título), que originou o registro imobiliário (modo).*[130]

---

[129] CHALHUB, MELHIM NAMEM. Op. cit. p. 258.
[130] TERRA, MARCELO. Op. cit. p. 25.

Todavia, na hipótese de a alienação fiduciária em garantia de bem imóvel ser instituída por meio de instrumento particular com efeitos de escritura pública, o imóvel deverá ser descrito a exaustão, com a indicação de todas as suas características, confrontações, localização, em atenção ao estabelecido no artigo 225, parágrafos 1º a 3º da Lei de Registros Públicos.[131]

Nessa seara ainda, observa-se que o registro do contrato, por se tratar apenas de transmissão da propriedade resolúvel, não fará incidir o *imposto de transmissão imobiliária inter vivos* — ITBI, que somente será exigido ulteriormente e na eventualidade de o devedor fiduciante inadimplir o contrato e houver a consolidação da propriedade em nome do credor fiduciário.

O inciso V do artigo 24, por sua vez, prevê o direito de livre utilização pelo devedor fiduciante do imóvel, enquanto este estiver adimplente com as obrigações assumidas no contrato. Como consequência, correm por sua conta os riscos inerentes a essa livre utilização, tais como o pagamento de impostos, despesas condominiais e de consumo, entre outras.

Note que referida disposição é apenas uma consequência lógica do disposto no parágrafo único do artigo 23, o qual assevera que com a constituição da propriedade fiduciária, ocorre o desdobramento da posse, passando o devedor fiduciante a ser possuidor direto, enquanto o credor fiduciário, possuidor indireto.

---

[131] Conforme redação: "Art. 225 — Os tabeliães, escrivães e juízes farão com que, nas escrituras e nos autos judiciais, as partes indiquem, com precisão, os característicos, as confrontações e as localizações dos imóveis, mencionando os nomes dos confrontantes e, ainda, quando se tratar só de terreno, se esse fica do lado par ou do lado ímpar do logradouro, em que quadra e a que distância métrica da edificação ou da esquina mais próxima, exigindo dos interessados certidão do registro imobiliário.
§ 1º As mesmas minúcias, com relação à caracterização do imóvel, devem constar dos instrumentos particulares apresentados em cartório para registro.
§ 2º Consideram-se irregulares, para efeito de matrícula, os títulos nos quais a caracterização do imóvel não coincida com a que consta do registro anterior.
§ 3º Nos autos judiciais que versem sobre imóveis rurais, a localização, os limites e as confrontações serão obtidos a partir de memorial descritivo assinado por profissional habilitado e com a devida Anotação de Responsabilidade Técnica — ART, contendo as coordenadas dos vértices definidores dos limites dos imóveis rurais, geo-referenciadas ao Sistema Geodésico Brasileiro e com precisão posicional a ser fixada pelo INCRA, garantida a isenção de custos financeiros aos proprietários de imóveis rurais cuja somatória da área não exceda a quatro módulos fiscais."

O requisito do inciso VI, ou seja, a necessidade de *"indicação, para efeito de venda em público leilão, do valor do imóvel e dos critérios para a respectiva revisão"* possivelmente era um dos pontos mais sensíveis e que mais demandava uma atuação do Poder Judiciário.

Veja que as partes deverão, quando da celebração do contrato, estabelecer o valor para o lance mínimo a ser ofertado no primeiro leilão quando da venda do imóvel em leilão público — obviamente quando e se o devedor fiduciante vier a se tornar inadimplente —, bem como os critérios para a *revisão* deste valor (portanto, não se estabelece os critérios de atualização do valor do imóvel).

A esse respeito, mister destacar a inovação trazida pela Lei n. 13.465, de 2017, que incluiu o parágrafo único ao artigo 24,[132] que trouxe importante disposição visando a evitar intermináveis discussões sobre o valor utilizado quando da venda do bem em leilão público (nas hipóteses em que ocorria o inadimplemento do devedor fiduciante).

A mencionada inovação incluiu o parágrafo único ao artigo 24, estabelecendo que o valor mínimo para efeito de venda do imóvel no primeiro leilão será aquele utilizado como base de cálculo para a apuração do imposto sobre transmissão imobiliária *inter vivos* (ITBI). Dessa forma, o novo dispositivo visa a evitar prejuízos ao devedor fiduciante, tal como ocorria quando o valor do imóvel convencionado pelas partes quando da celebração do contrato não mais reflete os valores praticados pelo mercado quando da alienação forçada por conta do inadimplemento.

Comentando a respeito dessa modificação, Melhim Namem Chalhub afirma que *"esse novo critério visa ajustar os procedimentos do leilão à realidade do mercado, mediante utilização, como referencial, do valor apurado por ente público isento em relação aos contratantes"*. E complementa *"que a função do leilão é a arrecadação de recursos suficientes para satisfação do crédito garantido e a entrega de eventual sobejo ao devedor, é de interesse de ambos que o imóvel seja avaliado em data próxima daquela em que será realizado o leilão, de acordo com a realidade do mercado nesse momento"*.[133]

---

[132] Redação: "Art.24. Parágrafo único. Caso o valor do imóvel convencionado pelas partes nos termos do inciso VI do caput deste artigo seja inferior ao utilizado pelo órgão competente como base de cálculo para a apuração do imposto sobre transmissão inter vivos, exigível por força da consolidação da propriedade em nome do credor fiduciário, este último será o valor mínimo para efeito de venda do imóvel no primeiro leilão".

[133] CHALHUB, MELHIM NAMEM. Op. cit. p. 254.

Por fim, tem-se o inciso VII, que obriga as partes a estipularem os procedimentos para a realização do leilão extrajudicial, em consonância com o disposto no artigo 27, quando da consolidação da propriedade do imóvel ao credor fiduciário em decorrência do inadimplemento por parte do devedor fiduciante. Tais procedimentos serão melhor analisados em ulterior subitem.

3.3.4. *Elementos essenciais*

Ainda com relação aos elementos essenciais, imperioso rememorar que a alienação fiduciária em garantia de bem imóvel é um negócio jurídico pelo qual devedor fiduciante transfere para o credor-fiduciária em caráter resolúvel a propriedade fiduciária de determinado bem imóvel para garantia de pagamento de determinada dívida. E, em caso de adimplemento integral da dívida pelo devedor fiduciante, haverá a consolidação da propriedade do bem imóvel ao patrimônio deste; por sua vez, na hipótese de inadimplemento por parte do devedor fiduciante, o bem imóvel se consolidará como propriedade do credor fiduciário.

Dessa definição se extrai ainda dois elementos essenciais da alienação fiduciária em garantia, quais sejam, a *resolutividade* e a *temporariedade*.

Com isso, a consequência lógica, o credor fiduciário passa a deter formalmente a propriedade resolúvel (limitada) e a posse indireta da coisa imóvel objeto do contrato e, em contrapartida, o devedor-fiduciário demite-se da propriedade sobre o bem, remanescendo para si tão-somente a posse indireta do imóvel, conforme estipula o artigo 23 da Lei n. 9.514, de 1997.

A *resolutividade* da alienação fiduciária em garantia está bem enfatizada na parte final do artigo 22 da mencionada lei, com a expressão "propriedade resolúvel", que, em sua essência, contém no título que a constitui, desde o início, estabelecido que a propriedade da coisa se resolve em favor do devedor fiduciante em caso de adimplemento da obrigação.

Sobre o tema, Melhim Namem Chalhub afirma que o traço característico da propriedade fiduciária decorrente da alienação fiduciária é exatamente o fato de estar prevista sua extinção no próprio título em que é constituída, daí porque, realizada a condição (pelo pagamento da dívida), reverte em definitivo a propriedade ao devedor fiduciante, ou, frustrada a condição (pelo inadimplemento-fiduciante), consolida-se a propriedade em nome do credor fiduciário.[134]

Também nesse sentido, Arnoldo Wald entende que a alienação fiduciária cria uma

> [...] *propriedade resolúvel e com encargo. É resolúvel porque o pagamento do débito extingue a propriedade do fiduciário, enquanto consolida a do fiduciante, funcionando como condição resolutiva da propriedade para o credor e condição suspensiva da aquisição da mesma pelo devedor, que, após ter cumprido a totalidade das suas obrigações, se torna titular da propriedade plena. Por outro lado, a propriedade do credor é onerada com encargo, pois, não pago o débito, nem purgada a mora, deverá alienar o imóvel em público leilão.*[135]

A característica resolúvel se dá pelo fato de ficar a titularidade da propriedade vinculada ao adimplemento da dívida, resolvendo a propriedade com o pagamento em sua integralidade (resolvendo-se a propriedade em favor do devedor fiduciante) ou com o seu total inadimplemento (momento em que a propriedade se resolve em favor do credor fiduciário). É correto afirmar, portanto, que durante o curso do contrato o devedor é titular direto da propriedade, e o credor titular indireto.

De forma umbilical a esta *resolutividade* está a *temporariedade*, uma vez que o credor fiduciário somente será titular indireto da coisa imóvel durante a vigência do contrato, ou seja, a situação de proprietário perdurará apenas e tão somente durante o lapso de tempo necessário para o cumprimento das obrigações estabelecidas no contrato ao devedor fiduciante, de modo que findo esse prazo e tendo sido todas elas adimplidas, o credor fiduciário perderá a propriedade do bem ou do direito.

A respeito dessa *temporariedade* da alienação fiduciária em garantia, Orlando Gomes há muito tempo já asseverava que o credor fiduciário não adquire senão uma propriedade temporária, sujeita a condição resolutiva, tendo, portanto, e em suma, apenas uma propriedade restrita e resolúvel.[136]

---

[134] CHALHUB, MELHIM NAMEM. Op. cit. p. 242-243.
[135] WALD, ARNOLDO. Op. cit. p. 258.
[136] GOMES, Orlando. Op. cit. p. 80.

3.4. Deveres e direitos das partes

Considerando que, conforme já apontado, o contrato de alienação fiduciária em garantia de bem imóvel é um contrato bilateral e oneroso, em que se estabelece obrigações para o devedor fiduciante e do credor fiduciário, surgem, em razão disso, direitos e deveres de cada uma das partes. Estes direitos e deveres é que serão objeto de análise nos subitens subsequentes.

3.5. Deveres e direitos do devedor fiduciante

Conforme disposto no supramencionado artigo 23, parágrafo único, da Lei n. 9.514, de 1997, com o registro do contrato de alienação fiduciária, ocorre o desdobramento da posse, isto é, o devedor fiduciante passa a ser possuidor direto da coisa imóvel, ao passo que o credor fiduciário se torna possuidor indireto.

A partir de então, a situação do devedor fiduciante muito se assemelha à figura do depositário. Há a obrigação, portanto de a suas expensas e risco, usar a coisa segundo sua destinação, sendo obrigado a ter na guarda e conservação da coisa, o cuidado e diligência que costuma ter com o que lhe pertence, como disposto no supramencionado artigo 24, inciso V, da Lei n. 9.514, de 1997.

Note que enquanto estiver adimplente, o devedor fiduciante poderá livremente utilizar o imóvel alienado fiduciariamente, inclusive, e principalmente, defender sua propriedade, ainda que resolúvel, perante terceiros.

Disso se extrai, que a principal obrigação do devedor fiduciante é arcar, pontualmente, com o pagamento da dívida, o que inclui não apenas o principal, mas também todos os encargos e despesas previstas no contrato. Repise-se que, à medida que o devedor fiduciante estiver pagando a dívida, poderá usar e gozar livremente do imóvel.

Entretanto, a obrigação do devedor fiduciante não se limita ao pagamento da dívida em si, devendo ainda pagar "*os impostos, taxas, contribuições condominiais e quaisquer outros encargos que recaiam ou venham a recair sobre o imóvel*", nos termos do artigo 27, § 8º, da Lei n. 9.514, de 1997.[137]

---

[137] Insta destacar que o § 8º do artigo 27 foi incluído pela Medida Provisória nº 2.223, de 2001, que ulteriormente foi revogada pela Lei nº 10.931, de 2004, que manteve a redação inalterada.

Por óbvio, trata-se de obrigações acessórias, que não implicam na resolução do contrato de alienação fiduciária em garantia, mas que, em caso de inadimplemento da dívida principal, os valores a elas correspondentes serão descontadas de eventual saldo que sobejar da alienação do bem em leilão que o devedor fiduciante teria direito.

Embora se trate de uma situação muito específica — que será, inclusive, melhor abordada mais adiante —, o devedor fiduciante ainda tem o dever de arcar com a taxa de ocupação, caso, após o mesmo ser alienado em leilão promovido pelo credor fiduciário, o imóvel esteja ocupado, seja pelo próprio fiduciante, seja por terceiros (por exemplo, locatários), conforme expressamente estabelece o artigo 37-A da Lei n. 9.514, de 1997.

O valor da taxa de ocupação correspondente a um por cento do valor do imóvel fixado no contrato (nos termos do artigo 24, inciso VI), sendo devida desde a data da consolidação da propriedade fiduciária no patrimônio do credor fiduciante e por cada mês ou fração que o imóvel permanecer ocupado pelo devedor fiduciante.

No que tange aos direitos do devedor fiduciante, Marcelo Terra pondera que se trata de uma questão complexa, que comporta três entendimentos sobre sua posição jurídica no contrato: "*o primeiro, tendo-o como proprietário sob condição suspensiva; o segundo, considerando-o titular de uma simples expectativa de direito e, finalmente, o* último, *atribuindo ao devedor (fiduciante) um direito eventual ou direito expectativo*".[138]

Referido autor analisa que essa discussão decorre do fato de que o artigo 29 da Lei n. 9.514, de 1997 ao permitir que o devedor fiduciante transmita ou ceda sua posição contratual a terceiros (ainda que com anuência do credor fiduciário), estaria permitindo que o devedor fiduciante transmitisse coisa alheia, o que seria inadmissível. Assim, entende que deve prevalecer o terceiro entendimento, isto é, de que o devedor fiduciante tem apenas e tão somente uma expectativa de direito sobre o imóvel.

Contudo, é preciso ter bem claro que essa expectativa de direito não está condicionada a qualquer manifestação de vontade do credor fiduciário, de modo que, cumprida integralmente todas as obrigações assu-

---

[138] TERRA, MARCELO. Op. cit. p. 38-39.

midas no contrato, o devedor fiduciante tem o direito de ver consolidada em seu nome a propriedade plena da coisa imóvel alienada.

Com isso, o principal direito do devedor fiduciante é, certamente, o de exigir do credor fiduciário o cancelamento do registro da propriedade fiduciária constituída pelo contrato de alienação fiduciária em garantia.

No entanto, para a realização deste cancelamento, mister que o credor fiduciário forneça ao devedor fiduciante o *termo de quitação* no prazo máximo de 30 dias, conforme estabelecido no artigo 25, § 1º da Lei n. 9.614, de 1997.[139]

Ainda com base em referido dispositivo, caso o fiduciário não entregue o termo de quitação, durante o tempo em que perdurar sua mora, pagará uma multa ao devedor fiduciante no valor correspondente a meio por cento (0,5%) do valor do contrato ao mês (ou fração). Note que aqui, diferente do disposto no artigo 24, inciso VI, o percentual da multa incide sobre o valor do contrato, e não sobre o valor do imóvel, muito embora, em boa parte das vezes estes valores são coincidentes.

Na hipótese de o credor fiduciário não fornecer o termo de quitação no prazo supramencionado, surge para o devedor-fiduciante o direito de ajuizar ação pleiteando o cumprimento da obrigação de entrega do termo ou, alternativamente, que o juízo supra a declaração de vontade do credor fiduciário para, reconhecendo o implemento da obrigação pelo devedor fiduciante, cancele o registro da propriedade fiduciária. Poderá ainda o devedor fiduciante, nesta mesma ação, requerer o pagamento da multa moratória devida pelo credor fiduciário.

Ademais, como já asseverado acima, nos termos do inciso IV do artigo 24 da Lei n. 9.514, de 1997, o devedor fiduciante tem o dever-direito de utilizar o imóvel alienado livremente e por sua conta e risco, devendo, com isso, defender sua posse perante terceiros.

Outro direito do devedor fiduciante é o de ser intimado por meio do oficial do competente Registro de imóveis para no prazo de 15 (quinze) dias purgar a mora, isto é, efetuar o pagamento da prestação vencida,

---

[139] Segue redação: "Art. 25. Com o pagamento da dívida e seus encargos, resolve-se, nos termos deste artigo, a propriedade fiduciária do imóvel.
§ 1º No prazo de trinta dias, a contar da data de liquidação da dívida, o fiduciário fornecerá o respectivo termo de quitação ao fiduciante, sob pena de multa em favor deste, equivalente a meio por cento ao mês, ou fração, sobre o valor do contrato".

além das demais que se vencerem até a data do pagamento, acrescidas de todos os encargos contratuais, além das despesas de cobrança e de intimação, consoante disposto no artigo 25, § 1º da Lei n. 9.514, de 1997. Referida questão será mais bem analisada em um próximo subitem.

Ainda no âmbito dos direitos do devedor fiduciante, destaca-se aquele previsto no artigo 27, § 4º, que trata do recebimento, no prazo máximo de 5 (cinco) dias, do montante que sobejar o produto da venda do imóvel alienado em leilão público, quando a propriedade fiduciária já tiver sido consolidada em nome do credor fiduciário em razão do inadimplemento do devedor fiduciante.

Por certo que referido valor sobejante será obtido com a subtração do valor do lance vencedor no leilão do imóvel do saldo remanescente da dívida, bem como de todas as despesas, encargos decorrentes do contrato e indenização em decorrência de eventuais benfeitorias.

3.6. Resolução do contrato

Conforme já explicitado em capítulo antecedente, a alienação fiduciária, tal como utilizada em nosso ordenamento, está invariavelmente ligada à garantia de um contrato principal (costumeiramente, um contrato de financiamento ou empréstimo). Em outras palavras, o contrato de alienação fiduciária é acessório, tendo sua sorte atrelada ao contrato principal.

Dessa forma, o contrato de alienação fiduciária se extingue de duas formas: *a uma*, pelo pagamento integral da dívida pelo devedor fiduciante da obrigação principal (por exemplo, pagamento integral do financiamento); *a duas*, pelo inadimplemento do devedor fiduciante.

Em ambas as situações, por decorrência lógica da resolutividade da alienação fiduciária em garantia, ocorrerá a consolidação da propriedade plena do imóvel a uma das partes, implicando em consequências jurídicas, bem como trazendo a necessidade de observância a determinados procedimentos, que serão adiante abordados.

3.6.1. *Do pagamento pelo devedor fiduciante*

Analisando cada uma das formas de resolução do contrato de alienação fiduciária em garantia, tem-se que a principal — e até mais esperada — ocorre com o adimplemento integral pelo devedor fiduciante das obrigações assumidas no contrato, essencialmente, resultante do pagamento da dívida.

Recebida a totalidade do valor da dívida, como já precedentemente analisado, haverá a extinção da propriedade fiduciária, de modo que o cancelamento do registro da propriedade fiduciária, não apenas implicará na perda da posse indireta do bem pelo credor fiduciário, como também, e principalmente, passará o devedor fiduciante a ser considerado pleno proprietário do bem imóvel de forma retroativa, como se sempre fosse o proprietário.

Ademais, com a extinção da propriedade fiduciária, estará o credor fiduciário obrigado a fornecer ao devedor fiduciante o termo de quitação no prazo de 30 (trinta) dias, sob pena de, não o fornecendo, responder o credor fiduciário pelo pagamento de multa moratória de 0,5% (meio por cento) ao mês, ou fração, sobre o valor global do contrato.

A respeito do valor da multa moratória a ser paga pelo credor fiduciário, Renato Romero Polillo levanta discussão se base de cálculo da multa deveria ou não englobar a somatória do valor do financiamento e do valor dos recursos próprios utilizados pelo devedor fiduciante.[140]

Contudo, respeitando eventual entendimento diverso, a discussão se mostra simplória, na medida em que a intenção do legislador foi fixar como base de cálculo da multa moratória justamente o valor do contrato principal, no qual a alienação fiduciária serve de garantia. Ou seja, o valor da multa moratória será calculado sobre o valor efetivamente financiado pelo devedor fiduciante, não incluído aí os recursos próprios que eventualmente tenha utilizado para adquirir o imóvel. Se outra fosse a intenção, o legislador teria adotado a mesma base de cálculo da multa imposta ao devedor fiduciante por ocupação indevida, qual seja o valor do imóvel, que, de forma simples e aproximada, pode ser representado pela soma do valor do financiado e dos recursos próprios.

Tendo o devedor fiduciante recebido o termo de quitação, deverá apresentá-lo junto ao competente registro imobiliário, para que, conforme disposto nos artigos 25, caput e § 2º da Lei n. 9.514 e 167, inciso II item 2, da Lei n. 6.015, de 1973, o oficial do cartório efetue o cancelamento do registro da propriedade fiduciária. Repise-se que os efeitos deste cancelamento se operaram *ex tunc*, isto é, os efeitos retroagem para a data em que houve a constituição da propriedade fiduciária em favor do credor fiduciário.

---

[140] POLILLO, RENATO ROMERO. Op. cit. p. 110-111.

3.6.2. Deveres e direitos do credor fiduciário

Na linha do quanto asseverado no subitem anterior, como consequência do registro do contrato de alienação fiduciária em garantia ocorre o desdobramento da posse, ficando o credor fiduciário com a posse indireta, bem como constitui-se a propriedade fiduciária do imóvel em seu nome. Em decorrência disso, surge para o credor fiduciário alguns direitos e deveres.

Em decorrência da posse indireta da coisa imóvel, o credor fiduciário também tem o direito-dever de defendê-la contra os esbulhos de terceiros, inclusive contra o próprio devedor fiduciante, na hipótese de este vier a se tornar inadimplente e permanecer ocupando o imóvel, mesmo após ter sido intimado para purgar a mora e ter sido consolidada a propriedade em nome do credor fiduciário.

Outrossim, em razão da resolutividade da propriedade, caso haja o pagamento pelo devedor fiduciante integral da dívida e dos respectivos encargos construais e legais, o credor fiduciário tem o dever de restituir a propriedade plena do imóvel ao devedor fiduciante, nos exatos termos do artigo 25 da Lei n. 9.514, de 1997.

Inclusive, nesse sentido, com o pagamento integral da dívida, o credor fiduciário está obrigado a fornecer para o devedor fiduciante o termo de quitação, que dá azo para o cancelamento do registo da propriedade fiduciária. Caso deixe de adimplir essa obrigação, o credor fiduciário estará em mora, devendo pagar a multa prevista no artigo 25, § 1º, como já explicitado acima.

Ressalte-se que o legislador optou por estabelecer uma distinção não só entre o percentual da multa aplicável a cada uma das partes em decorrência de eventual inobservância a uma de suas obrigações, como também fixou distintas bases de cálculo de incidência da multa.

Ao passo que a multa do credor fiduciário será de 0,5% (meio porcento) ao mês sobre o valor do contrato, a multa fixada ao devedor fiduciante caso permaneça ocupando indevidamente o imóvel após a consolidação da propriedade em favor do fiduciário, é de 1,00% (um por cento) e tem como base de cálculo o valor do imóvel.

Referido tratamento diferenciado se justifica, na medida em que as situações de infração também são díspares. Observa-se que o legislador buscou utilizar como base de cálculo o valor do bem ou da dívida que está sendo impactado pelo abuso de direito do infrator. O devedor fiduciante ao permanecer ocupando o imóvel está a se aproveitar dele indevidamente, razão pela qual correto é que a multa seja calculada sobre o valor do imóvel. Por outro lado, o termo de quitação está intimamente ligado ao valor do contrato, de modo que justificada é a utilização desse parâmetro quando o credor fiduciário se recusa a fornecer referido documento ao devedor fiduciante.

Caso ocorra o inadimplemento da obrigação de o devedor fiduciante quitar a dívida, surge para o credor fiduciário o direito de ser consolidado na propriedade do bem imóvel dado em garantia, conforme previsto no caput do artigo 26. Como dever correlato desse direito, com a consolidação da propriedade em nome do credor fiduciário, este deverá, agora sim, efetuar o pagamento do imposto de transmissão imobiliária *inter* vivos (ITBI), e se for o caso, do laudêmio, nos termos do artigo 26, § 7º da Lei n. 9.514, de 1997.

Todavia, antes que ocorra a consolidação da propriedade em seu nome, o credor fiduciário deverá intimar pessoalmente o devedor fiduciante por meio do oficial do competente Registro de Imóveis, para que ele purgue a mora no prazo máximo de 15 (quinze) dias, efetuando o pagamento das parcelas da dívida vencidas, bem como aquelas que vierem a vencer e todos os demais encargos (vide artigo 26, § 1º).

Nos termos do artigo 27 da Lei n. 9.514, de 1997, o credor fiduciário deverá[141] — vencida a dívida e não paga pelo devedor fiduciante — promover no prazo máximo de 30 (trinta) dias o leilão extrajudicial do bem dado em alienação fiduciária. Sendo exitoso o leilão, com o recebimento de quantia que supera o valor da dívida e de todos os demais encargos contratuais e despesas necessárias para promover a expropriação do bem, eventual saldo remanescente deverá ser entregue ao devedor fiduciante no prazo máximo de 5 (cinco) dias.

Ademais, enquanto proprietário, o credor fiduciário tem o direito de alienar a terceiros o bem imóvel recebido em alienação fiduciária em garantia, situação em que este terceiro se sub-rogará nos direitos e obrigações assumidas perante o devedor fiduciante, especial e principalmente com relação à devolução da propriedade do imóvel se, e quando, a obri-

---

[141] Como será ulteriormente ponderado em capítulo subsequente, entende-se que a promoção do leilão público extrajudicial é um ônus do credor fiduciário, não se tratando de uma obrigação.

gação de quitar a dívida for adimplida pelo devedor fiduciante. É o que se extrai do artigo 28 da Lei n. 9.514, de 1997.

Insta observar que, tal como ocorre quando o devedor fiduciante transmite os direitos sobre o imóvel que possui, o credor fiduciário deverá, não apenas cientificar o fiduciante sobre essa alienação, como também deverá registrá-la junto à matrícula do imóvel no competente Registro de Imóveis.

3.6.3. *Do inadimplemento do devedor fiduciante*

Já a segunda forma de resolução da alienação fiduciária ocorre quando não há o pagamento da dívida por parte do devedor fiduciante. Nesta situação, o credor fiduciário deverá respeitar todos os procedimentos e diretrizes previstos nos artigos 26 e 27 da Lei n. 9.514, de 1997 (que essencialmente disciplinam sobre a purgação de mora pelo devedor fiduciante e sobre o leilão extrajudicial), para que, aí sim, cumprida todas as etapas, ocorra a consolidação da propriedade fiduciária em seu nome.

Nesse sentido, dentre as questões que o credor fiduciário deverá se atentar, a primeira e mais importante é aquela prevista no artigo 26, §1º da Lei n. 9.514, de 1997, a qual estabelece que o devedor fiduciante deverá ser pessoalmente intimado, para no prazo de 15 (quinze) dias purgar a mora. A questão da purgação da mora será abordada mais detidamente em um próximo subitem.

Ultrapassado o prazo para purgação da mora, e não havendo o pagamento dos valores em aberto por parte do devedor fiduciante, o oficial do competente Registro de Imóveis deverá certificar tal fato e, ato contínuo promoverá a averbação consolidando, enfim, a propriedade do imóvel em definitivo em nome do credor fiduciário.

Todavia, para que haja a consolidação da propriedade, o credor fiduciário deverá efetuar o pagamento do imposto de transmissão imobiliária *inter vivos* (ITBI) — e, em se tratando de bem enfitêutico, o pagamento do laudêmio, conforme disposto no artigo 26, § 7º da Lei n. 9.514, de 1997.

Relativamente ao pagamento do ITBI para a consolidação da propriedade em nome do credor fiduciário, interessante salientar o entendimento de Marcelo Terra no sentido de que "*a base de cálculo é o valor do saldo devedor (vencido e vincendo) ou o valor venal, o que maior for, respeitando as particularidades das legislações de cada Município*".[142]

Sem ser diferente, Arnoldo Wald também destaca a questão relativa ao pagamento dos impostos e taxas, afirmando que

> *o momento da comprovação das quitações fiscais e previdenciárias, que deve ser efetivada no instante da formalização do contrato de alienação fiduciária em garantia. É que, em não sendo assim, o fiduciário, em caso de mora, não poderia proceder ao público leilão do bem, ante a impossibilidade de prévia consolidação da propriedade. Ocorrendo apenas a transferência do domínio resolúvel quando da formalização do contrato (daí por que o imposto de transmissão só é pago no ato da consolidação), naquela oportunidade devem ser apresentadas as certidões negativas.*[143]

Seguindo, nos termos do artigo 27, com a consolidação da propriedade em nome do credor fiduciário, este terá o prazo de 30 (trinta) dias para promover o leilão público e extrajudicial para vender o imóvel alienado, utilizando o produto da venda para o pagamento da dívida do devedor fiduciante. As particularidades do leilão extrajudicial, também serão mais bem analisadas em ulterior subitem.

O legislador decidiu ainda prever— mais especificadamente no § 8º do artigo 26 — uma hipótese análoga à dação em pagamento, na qual, vencida a dívida e não purgada a mora no prazo estipulado, o devedor fiduciante poderá, com a concordância do credor fiduciário, "*dar seu direito eventual ao imóvel em pagamento da dívida*". Nesta situação, coerentemente, o leilão extrajudicial será dispensado.

Pondera-se que o legislador pretendeu com essa disposição precipitar o que eventualmente viria a acontecer caso, após a realização dos dois leilões promovidos pelo credor fiduciário, não houvesse qualquer lance que superasse o valor da dívida. Nessa hipótese, como dispõe o artigo 27, § 5º, a propriedade plena do bem imóvel será transferida ao credor fiduciário.

---

[142] TERRA, MARCELO. Op. cit. p. 57-58.
[143] WALD, ARNALDO. Op. cit. p. 264.

3.6.3.1. *Mora e sua purgação pelo devedor fiduciante*

Conforme explicitado sumariamente em item *supra*, há resolução da alienação fiduciária nas hipóteses em que não há o pontual pagamento da dívida garantida por parte do devedor fiduciante. Entretanto, a consolidação da propriedade fiduciária em nome do credor fiduciário não ocorrerá de forma imediata e concomitante ao inadimplemento. Visando a, enfim, consolidar a propriedade plena do imóvel em seu nome, é imprescindível que este, necessariamente, conceda a oportunidade de o devedor fiduciante purgar a mora em determinado lapso de tempo, fixado em lei.

Analisando essa questão, Melhim Namem Chalhub destaca outro ponto de vista pelo qual entende que seria aplicável ao contrato de empréstimo com pacto adjeto de alienação fiduciária a regra geral prevista no artigo 397 do Código Civil, pela qual o devedor está plenamente constituído em mora tão logo deixe de efetuar o pagamento até o vencimento.[144]

A razão por trás desse entendimento é que referido contrato de empréstimo estabelece, geralmente, uma obrigação positiva e líquida, fixando de forma inequívoca e desde o seu início prazo certo para seu cumprimento. Com isso, seria absolutamente desnecessário que o credor fiduciário interpelasse, de qualquer maneira, o devedor fiduciante para que este seja, então, constituído em mora, uma vez que pela regra geral, o devedor fiduciante já estaria em mora desde o vencimento da obrigação não adimplida.

Esse entendimento é assim apresentado em razão de a legislação que trata da alienação fiduciária imobiliária — mais especificamente o artigo 26, § 1º da Lei n. 9.514, de 1997 —, que dispõe, de forma clara, que credor fiduciário deverá constituir o devedor fiduciante em mora, para que ele, no prazo de 15 (quinze) dias, purgue a mora, efetuando o pagamento da *"prestação vencida e as que se vencerem até a data do pagamento, os juros convencionais, as penalidades e os demais encargos contratuais, os encargos legais, inclusive tributos, as contribuições condominiais imputáveis ao imóvel, além das despesas de cobrança e de intimação"*.

Dessa forma, em que pese a mora do devedor fiduciante decorrer do simples não pagamento da prestação no prazo fixado, a lei fixou um

---

[144] CHALHUB, MELHIM NAMEM. Op. cit. p 271-272.

procedimento prévio para que o credor fiduciário consolide a propriedade plena em seu nome, exigindo para tanto a intimação pessoal do devedor fiduciante.

Ainda, relevante ressaltar questão que recebe pouca atenção por parte da doutrina, porém, que na prática gera alguma controvérsia. Trata-se daquela que diz respeito ao valor a que o devedor fiduciante deverá ser intimado para pagar para a purgação da mora, que compreende as prestações vencidas e somente aquelas que se *vencerem até a data do pagamento*, além é claro, de todos os encargos contratuais e as despesas incorridas para a intimação do devedor.

No entanto, não obstante a vedação prevista no artigo 26, § 1º da Lei n. 9.514, de 1997, não raras vezes os credores fiduciários intimam os devedores fiduciantes para que efetuem o pagamento da integralidade do financiamento.[145] Até por isso, em razão do disposto no mencionado artigo, há ainda posicionamento jurisprudencial entendendo ser incabível a cláusula que estipula vencimento antecipado quando há estipulação da alienação fiduciária em garantia de bem imóvel.[146]

Por outro lado, Melhim Namem Chalhub entende que a previsão de vencimento antecipado é plenamente possível, em aplicação análoga ao disposto nos artigos 1.424 e 1.425 do Código Civil, que regulamen-

---

[145] A respeito da impossibilidade de cobrança da integralidade do valor do financiamento, confira-se os julgados do Egrégio Tribunal de Justiça do Estado de São Paulo: "Agravo de instrumento. Ação anulatória. Procedimento extrajudicial de execução de contrato de financiamento para aquisição de imóvel, com cláusula de alienação fiduciária em garantia Lei 9.514/97. Pretendida anulação dos atos praticados no procedimento extrajudicial. Tutela antecipada deferida para suspender o procedimento e qualquer ato expropriatório do bem. Notificação premonitória realizada em desacordo com o disposto no art. 26, § 1º, da Lei 9.514/97. Exigência de pagamento da integralidade do saldo devedor pendente, com inclusão das prestações vencidas e vincendas, que não se coaduna com a disposição legal. Purgação da mora autorizada mediante quitação da dívida vencida até a data do pagamento, acrescida dos encargos correspondentes, assegurado ao devedor fiduciante o direito de restabelecer o contrato. Nulidade da cláusula contratual resolutória, que prevê o vencimento antecipado do débito. Requisitos do artigo 273 do Código de Processo Civil satisfeitos. Liminar mantida. Recurso improvido" (TJSP — 32ª Câmara de Direito Privado — Agravo de instrumento 2003444-56.2013.8.26.0000 — Rel. Des. LUIS FERNANDO NISHI, j. 29.08.2013). No mesmo sentido: TJSP — 19ª Câmara de Direito Privado — Agravo de instrumento 0000565-97.2010.8.26.0000 — Rel. Des. SEBASTIÃO JUNQUEIRA, j. 26.03.2012.

[146] TJSP — 12ª Câmara de Direito Privado — Agravo de instrumento 2255811-68.2016.8.26.0000 — Rel. Des. CASTRO FIGLIOLIA, j. 19.06.2017.

tam os direitos reais de garantia em geral.[147] Referido posicionamento encontra respaldo na jurisprudência do Colendo Superior Tribunal de Justiça.[148]

Justamente em razão dessa discussão, para que não pairem dúvidas, sugere-se que quando da intimação do devedor fiduciante para purgação da mora, o credor fiduciário apresente também uma tabela com a descrição pormenorizada de todos os valores que estão sendo cobrados, apesar de previsão legal nesse sentido. Aplicar-se-ia, por analogia, o disposto nos artigos 524 e 798, inciso I, alínea *b* do Código de Processo Civil, os quais estabelecem a obrigação de o exequente apresentar demonstrativo discriminado e atualizado do crédito.

A despeito da necessidade de intimação do devedor fiduciante, preliminarmente a expedição da carta para esse fim, o credor fiduciário deverá respeitar o prazo de carência previsto no contrato que estipula a alienação fiduciária em garantia de bem imóvel, tal como exige artigo 26, § 2º da Lei n. 9.514, de 1997.[149]

Apesar de a estipulação do prazo de carência ser um requisito do contrato da alienação fiduciária em garantia,[150] na eventualidade de não ter estipulado este prazo, entende-se ser imprescindível a aplicação do já mencionado artigo 397 do Código Civil, de modo que devedor

---

[147] CHALHUB, MELHIM NAMEM. Op. cit. p. 280-281.

[148] "Agravo interno no recurso especial. Alienação fiduciária de bem imóvel. Purgação da mora até a lavratura do autor de arrematação. Possibilidade. Pagamento do débito vencido. Cláusula de vencimento antecipado pactuada livremente. Legalidade. Débito consubstanciado pelo saldo devedor mais os acréscimos legais e contratuais. 1. A jurisprudência desta Corte garante ao devedor a possibilidade de purga da mora até a lavratura do auto de arrematação pelo pagamento integral do débito, devendo o débito ser entendido como as obrigações vencidas acrescidas dos encargos legais e contratuais. 2. No caso em exame, o débito representa a totalidade do saldo devedor mais os encargos, em razão da existência de cláusula contratual de vencimento antecipado da dívida, livremente pactuada entre as partes. 3. Agravo interno a que se nega provimento". (STJ — Quarta Turma — AgInt no REsp 1760519/SC — Rel. Ministra MARIA ISABEL GALLOTTI, j. 17/09/2019, DJe 30/09/2019).

[149] "Art. 26. § 2º O contrato definirá o prazo de carência após o qual será expedida a intimação".

[150] Sobre o tema, destaca-se o ensinamento de AFRANIO CARLOS CAMARGO DANTZGER: "O prazo de carência, após o qual será expedida a intimação ao fiduciante para purgar a mora, deverá ser estipulado no contrato, sendo, portanto, a estipulação do tal prazo de carência um requisito do contrato, que deve acrescer-se aos demais requisitos elencado no art. 24. (op. cit. p. 87).

fiduciante estaria em mora desde o vencimento da parcela do financiamento, podendo o credor fiduciário intimá-lo desde essa data.

Prosseguindo na análise do procedimento necessário para a consolidação da propriedade em nome do credor fiduciário, tem-se o artigo 26, §3º que estabelece que a intimação do devedor fiduciante deverá ser pessoal — ou na pessoa de seu representante legal ou procurador regularmente constituído.

Além disso, a intimação do devedor fiduciante pode ser realizada de três maneiras distintas, cabendo a escolha do meio ao competente Oficial do Registro de Imóveis da situação do imóvel: (a) por solicitação do próprio Oficial do Registro de Imóveis; (b) por meio do Oficial de Registro de Títulos e Documentos da comarca da situação do imóvel ou do domicílio do devedor fiduciante; ou, por fim, (c) pelo correio, com aviso de recebimento.

Insta ainda observar que, em sendo casado o devedor fiduciante, mister se faz a intimação pessoal de seu cônjuge, em aplicação dos artigos 1.647 do Código Civil e 73 do Código de Processo Civil. Exceção feita, por óbvio, ao devedor fiduciante caso sob o regime da separação de bens.

Importante frisar que a jurisprudência do Superior Tribunal de Justiça é no sentido de reconhecer a nulidade da intimação do devedor fiduciante quando esta não recebida por este ou por seu representante.[151] Todavia não raras as vezes em que a intimação, por qualquer das três modalidades, resta frustrada pela ocultação do devedor fiduciante e ou do representante nomeado, o que obstava todo o procedimento extrajudicial da alienação fiduciária e, por consequência, influencia em sua celeridade e eficácia, que lhe são inerentes.[152]

---

[151] Nesse sentido: REsp 1.531.144/PB, Rel. Ministro MOURA RIBEIRO, Terceira Turma, DJe 28/3/2016; REsp 1.367.179/SE, Rel. Ministro RICARDO VILLAS BÔAS CUEVA, Terceira Turma, DJe 16/6/2014.

[152] A respeito dos problemas decorrentes das dificuldades na intimação do devedor, interessante destacar os resultados obtidos pelos estudos do CNJ — Conselho Nacional de Justiça em conjunto com o Instituto de Pesquisa Econômica Aplicada (Ipea), Diretoria de Estudos e Políticas do Estado, das Instituições e da Democracia (Diest) e Departamento de Pesquisas Judiciárias (DPJ), que apontaram que, em 2011, em cerca de 44,7% das execuções fiscais não houve sequer a citação do executado. Considerando a existência de um acervo de 80 milhões de processos pendentes de baixa no final do ano de 2016, dos quais, 51,1% referem-se

Justamente visando a sanar essa problemática, que a Lei n. 13.465, de 2017 incluiu o § 3º-A ao artigo 26 Lei n. 9.514, de 1997 e estabeleceu a *"intimação por hora certa"*, tal como previsto nos artigos 252, 253 e 254 do Código de Processo Civil. Dessa forma, após ao menos duas tentativas de intimação e suspeitando da ocultação do devedor fiduciante, o competente oficial de Registro de Imóveis ou de Registro de Títulos e Documentos deverá intimar qualquer pessoa (seja da família, seja vizinho, seja funcionário do condomínio edilício (ver artigo 26, §3º-B, Lei n. 9.514, de 1997)) de que retornará em hora designada no dia útil imediato para intimar o devedor fiduciante sobre o inadimplemento do contrato de alienação fiduciária e de que terá o prazo de 15 (quinze) dias para purgação da mora.

Outra hipótese que o legislador em 2017 — quando da promulgação a Lei n. 13.465 —, ousou em disciplinar — muito para evitar as inúmeras ações que versavam sobre esse ponto —, diz respeito à intimação do devedor fiduciante quando residente em *"condomínios edilícios ou outras espécies de conjuntos imobiliários com controle de acesso"*. Assim, nos termos do artigo 26, §3º-B da Lei n. 9.514, de 1997, incluído por referida lei, o devedor fiduciante poderá ser intimado por hora certa na pessoa do funcionário do condomínio edilício, o que se coaduna com o disposto no artigo 248, § 4 do Código de Processo Civil de 2015.

Aqui abre-se um adendo para tecer alguns comentários com relação à intimação do devedor fiduciante para purgação da mora. Pondera-se que o legislador da Lei n. 13.465, de 2017 foi um tanto comedido e moderado em permitir que o procedimento da alienação fiduciária se tornasse mais eficaz e célere. Isto pois, não previu a possibilidade de a intimação do devedor fiduciante para purgação da mora se desse por meio do endereço eletrônico (como por exemplo, o *e-mail*) informado no contrato, tal como previsto para intimar sobre as datas dos leilões (vide artigo 27, § 2º-A).

Salvo entendimento contrário, esse avanço se mostrava necessário e plenamente possível. Em termos tecnológicos, o rastreamento e a comprovação do recebimento da comunicação eletrônica são totalmente viáveis e factíveis. Ademais, não é de hoje que grande parte das comu-

---

à execução e 75% destes, são execuções fiscais, tem-se que em aproximadamente 13 milhões de processos de execução o devedor não foi ao menos citado para responder.

nicações cotidianas já ocorrem por meio eletrônico, principalmente oriundas das instituições bancárias, justamente por trazerem maior celeridade e até efetividade.

A respeito do tema, destaca-se o julgamento do Recurso Especial n. 1.495.920 pelo Superior Tribunal de Justiça, em que se decidiu que o contrato de mútuo eletrônico celebrado sem a assinatura de testemunhas pode, em caráter excepcional, ter a condição de ser título executivo extrajudicial. Do voto do relator Ministro Paulo de Tarso Sanseverino tem-se:

> *A assinatura digital realizada no instrumento contratual eletrônico mediante chave pública (padrão de criptografia assimétrico) tem a vocação de certificar — através de terceiro desinteressado (autoridade certificadora) — que determinado usuário de certa assinatura digital privada a utilizará e, assim, está efetivamente a firmar o documento eletrônico e a garantir serem os mesmos os dados do documento assinado que estão a ser enviados.*[153]

Mais especificadamente relativo à intimação, não são poucos os casos em que se considerou válida a comunicação em processo judicial (especialmente, em trâmite no juizado especial) realizada por meio de aplicativos de comunicação.[154;155] Portanto, sempre respeitando o posicionamento mais reticente por parte da doutrina,[156] a previsão da intimação

---

[153] STJ — Terceira Turma — REsp 1495920/DF — Rel. Ministro Paulo de Tarso Sanseverino, j. 15/05/2018, DJe 07/06/2018.

[154] Quando do julgamento do Procedimento de Controle Administrativo n. 0003251-94.2016.2.00.0000, o Conselho Nacional de Justiça considerou válida portaria que possibilitou a utilização do aplicativo WhatsApp no Juizado Especial Cível e Criminal de Piracanjuba (GO) para intimação das partes sobre o andamento do processo.

[155] No julgamento do Agravo em Recurso Especial n. 903.091, a Terceira Turma do STJ consolidou entendimento de que há prevalência da intimação pelo portal eletrônico sobre aquelas realizadas pelo por órgão oficial (DJe).

[156] Dentre os quais se destaca Augusto Tavares Rosa Marcacini, que se apresenta como grande estudioso do assunto há muitos anos e apresenta preocupações sobre a confiabilidade dos meios eletrônicos para comunicação dos atos, em especial os processuais: "Cumpre destacar que não se pretende, aqui, adotar posição contrária ao uso dos meios eletrônicos para realização dos atos de comunicação processual, mas sim criticar o uso desregrado, e, talvez ingênuo, da tecnologia, como o e-mail, os aplicativos de comunicação instantânea e outras similares, que não apresentam a imprescindível segurança necessária ao meio forense, sendo substancial e urgente a discussão do assunto com a comunidade jurídica para a devida normatização e uniformização da questão" (in Uma breve reflexão sobre a citação e a

por correio eletrônico era medida possível, cabível e que, além disso, considerando a natureza do contrato de alienação fiduciária, traria grandes avanços para todo o sistema jurídico.

A par das observações acima e retornando a análise do procedimento para purgação da mora, constata-se que o legislador ainda estabeleceu, no artigo 26, § 4º, que nas hipóteses em que o devedor não for encontrado, estando em lugar ignorado, incerto ou não sabido, o competente oficial de Registro de Imóvel deverá certificar tal fato e proceder a intimação do devedor por edital, a ser publicado em pelo menos 3 (três) dias distintos e em 2 (dois) jornais de grande circulação.

Em quaisquer dos casos, ao ser devidamente intimado pelo oficial do Registro de Imóveis, o devedor fiduciante terá o prazo de 15 (quinze) dias corridos para quitar o débito vencido até então, bem como todas as demais despesas e encargos contratuais. Quitado o débito, o contrato permanecerá válido, devendo o devedor fiduciante, por óbvio, continuar adimplindo as obrigações estipuladas em contrato.

Ainda em decorrência do pagamento pelo devedor fiduciante do débito, dentro do prazo de 3 (três dias), o competente oficial de Registro de Imóveis deverá entregar ao credor fiduciário a importância recebida, deduzindo deste montante as despesas que teve que arcar tanto para proceder a cobrança, como aquelas despendidas à intimação do devedor fiduciante.[157]

Na oportunidade ainda, tendo o credor fiduciário comprovado o recolhimento do imposto de transmissão imobiliária *inter vivos* (ITBI), o competente oficial de registro de imóveis averbará a consolidação da propriedade plena do imóvel em nome do credor fiduciário, conforme se extrai da redação do artigo 26, § 7º.

Demanda aqui observar que o artigo 26-A, da Lei n. 9.514, de 1997 (redação incluída pela Lei n. 13.465, de 2017) estabeleceu procedimento distinto para as operações de financiamento habitacional — dentre as quais as do Programa Minha Casa, Minha Vida —, de modo que o prazo

---

intimação na era digital: incertezas e consequências. Doutrinas Essenciais — Novo Processo Civil, vol. 2/2018, p. 1099 — 1117).

[157] Conforme artigo 26, § 6º: "§ 6º O oficial do Registro de Imóveis, nos três dias seguintes à purgação da mora, entregará ao fiduciário as importâncias recebidas, deduzidas as despesas de cobrança e de intimação".

para a purgação da mora pelo devedor fiduciante é de 30 (trinta) dias (e não mais 15 (quinze) dias).

Há ainda uma questão controvertida, que vem suscitando embates jurídicos entre a doutrina e a jurisprudência. Trata-se da possibilidade de purgação da mora pelo devedor fiduciante após a consolidação da propriedade em nome do credor fiduciário, isto é, após ter transcorrido *in albis* o prazo de 15 (quinze) dias — ou 30 (trinta) dias para operações de financiamento habitacional — para pagamento do débito.

Como asseverado acima, nos termos do artigo 26, *caput* e § 7º da Lei n. 9.514, de 1997, decorrido o prazo e sem a purgação da mora, ocorrerá a consolidação da propriedade em nome do fiduciário, que, como será melhor abordado adiante, deverá proceder com a alienação do bem imóvel dado em garantia fiduciariamente.

A despeito da clareza com que dispôs o legislador sobre essa questão, a jurisprudência do Colendo Superior Tribunal de Justiça vem decidindo — e se consolidando — no sentido de permitir que o devedor fiduciante purgue a mora quando já ultrapassado o prazo de 15 (quinze) dias fixados em lei, podendo purgá-la até a assinatura do auto de arrematação do imóvel, após já realizado o leilão extrajudicial promovido pelo credor fiduciário.[158]

---

[158] Seguem precedentes do Colendo Superior Tribunal de Justiça: "O devedor pode purgar a mora em 15 (quinze) dias após a intimação prevista no art. 26, § 1º, da Lei nº 9.514/1997, ou a qualquer momento, até a assinatura do auto de arrematação (art. 34 do Decreto-Lei nº 70/1966). Aplicação subsidiária do Decreto-Lei nº 70/1966 às operações de financiamento imobiliário a que se refere a Lei nº 9.514/1997". (STJ — Terceira Turma — REsp 1.462.210/RS — Rel. Ministro Ricardo Villas Bôas Cueva, j. 18/11/2014, DJe 25/11/2014)
"A purgação pressupõe o pagamento integral do débito, inclusive dos encargos legais e contratuais, nos termos do art. 26, § 1º, da Lei nº 9.514/97, sua concretização antes da assinatura do auto de arrematação não induz nenhum prejuízo ao credor. Em contrapartida, assegura ao mutuário, enquanto não perfectibilizada a arrematação, o direito de recuperar o imóvel financiado, cumprindo, assim, com os desígnios e anseios não apenas da Lei nº 9.514/97, mas do nosso ordenamento jurídico como um todo, em especial da Constituição Federal". (STJ — Terceira Turma — REsp 1.433.031/DF — Rel. Ministra Nancy Andrighi, j. 03/06/2014, DJe 18/06/2014)
No mesmo sentido são os julgados mais recentes:
"Agravo interno no agravo em recurso especial. Ação consignatória cumulada com anulatória de ato de consolidação de propriedade. Lei nº 9.514/1997. Alienação fiduciária de coisa imóvel. Leilão extrajudicial. Devedor fiduciante. Notificação pessoal. Necessidade. Credor fiduciário. Consolidação da propriedade. Purgação da mora. Possibilidade.

Partindo da premissa de que na Lei n. 9.514, de 1997 não vedou a purgação da mora em momento ulterior, logo, poderia o devedor fiduciante fazê-lo mesmo após o decurso de prazo. Com isso em mente, os nobres ministros julgadores se utilizam de três principais argumentos para permitir a purgação da mora até o lance vencedor no leilão extrajudicial.

O primeiro dos argumentos é no sentido de se aplicar a regra geral do leilão judicial estabelecida no Código de Processo Civil, que expressamente prevê a possibilidade de o devedor remir a dívida a qualquer tempo até a efetiva assinatura do auto de arrematação do bem imóvel.[159]

Ademais, em complementação, os ministros julgadores ainda asseveram que o instituto da alienação fiduciária visa a — apenas e tão somente — garantir o pagamento das obrigações contraídas pelo devedor fiduciante, não sendo a intenção das partes que o bem imóvel alienado

---

Decreto-lei nº 70/1966. Aplicação subsidiária. A teor do que dispõe o artigo 39 da Lei nº 9.514/1997, aplicam-se as disposições dos artigos 29 a 41 do Decreto-Lei nº 70/1966 às operações de financiamento imobiliário em geral a que se refere a Lei nº 9.514/1997. No âmbito do Decreto-Lei nº 70/1966, a jurisprudência do Superior Tribunal de Justiça há muito se encontra consolidada no sentido da necessidade de intimação pessoal do devedor acerca da data da realização do leilão extrajudicial, entendimento que se aplica aos contratos regidos pela Lei nº 9.514/1997. A jurisprudência desta Corte firmou-se no sentido de ser possível a purga da mora em contrato de alienação fiduciária de bem imóvel (Lei nº 9.514/1997) quando já consolidada a propriedade em nome do credor fiduciário. A purgação da mora é cabível até a assinatura do auto de arrematação, desde que cumpridas todas as exigências previstas no art. 34 do Decreto-Lei nº 70/1966. (STJ — Terceira Turma — AgInt no AREsp 1286812/SP — Rel. Ministro RICARDO VILLAS BÔAS CUEVA, j. 10/12/2018, DJe 14/12/2018).

"Agravo interno no agravo em recurso especial. Ação revisional e contrato. Alienação fiduciária de bem imóvel. Purgação da mora efetuada por depósito judicial. Possibilidade de remissão da dívida até lavratura do auto de arrematação. Precedentes. Agravo interno não provido. O entendimento da Corte de origem encontra-se em harmonia com a jurisprudência sedimentada neste Sodalício no sentido de ser cabível a purgação da mora pelo devedor, mesmo após a consolidação da propriedade do imóvel em nome do credor fiduciário". (STJ — Quarta Turma — AgInt no AREsp 1132567/PR — Rel. Ministro LUIS FELIPE SALOMÃO, j. 24/10/2017, DJe 06/11/2017).

[159] A saber: "Art. 902. No caso de leilão de bem hipotecado, o executado poderá remi-lo até a assinatura do auto de arrematação, oferecendo preço igual ao do maior lance oferecido.
Parágrafo único. No caso de falência ou insolvência do devedor hipotecário, o direito de remição previsto no caput defere-se à massa ou aos credores em concurso, não podendo o exequente recusar o preço da avaliação do imóvel".

fiduciariamente seja incorporado ao patrimônio do credor fiduciário (o que, em um primeiro momento, inclusive, é vedado pelo legislador).

Por fim e com base no que dispõem o artigo no 39, inciso II, da Lei n. 9.514 de 1997, entendem ainda os ministros ser possível a aplicação subsidiária dos artigos 29 e seguintes do Decreto-Lei n. 70, de 1966, que tratam procedimentos de execução de créditos garantidos por hipoteca.

Deste modo, justificam ser plenamente possível permitir que o devedor fiduciante purgue a mora, efetuando o pagamento de todos os débitos devido até então, enquanto não houve um lance vencedor no leilão extrajudicial promovido pelo credor fiduciário.

Por outro lado, a doutrina de Melhim Namem Chalhub é contrária a esse entendimento jurisprudencial, como se nota no seguinte excerto:

> *A regra de purgação da mora até a assinatura do auto de arrematação é adequada para as execuções hipotecárias extrajudiciais, e, especificamente para essas execuções, foi instituída pelo Decreto-lei 70/1966 (art. 34), mas é incompatível com o regime jurídico da garantia fiduciária; ademais, existindo na Lei 9.514/1997 regra e prazo para purgação da mora (§ 1º do art. 26 e § 2º do art. 26-A), não há lacuna que pudesse justificar o recurso à analogia.*
>
> *Também não se compatibilizam com o regime jurídico da garantia fiduciária os argumentos segundo os quais (i) o contrato não se extingue por efeito do inadimplemento, caracterizado pela não purgação da mora no prazo legal, e (ii) a averbação da consolidação da propriedade não importa em transferência do imóvel ao credor-fiduciário.*
>
> *Com efeito, caracteriza-se a propriedade fiduciária em garantia como propriedade resolúvel subordinada a uma conditio juris, cujos efeitos são produzidos pela simples ocorrência ou não ocorrência de evento definido por lei, quais sejam, o adimplemento ou o inadimplemento da obrigação garantida, que importam na extinção do contrato à qual essa garantia está vinculada; dispõe a lei que, no primeiro caso, implementada a condição (pagamento), extingue-se o contrato, com a consequente reversão da propriedade plena ao fiduciante; no segundo caso, não implementada a condição (retardamento do pagamento e não purgação da mora), extingue-se o contrato, com a consequente transferência da propriedade plena ao fiduciário, mediante consolidação.*[160]

---

[160] CHLAHUB, MELHIM NAMEM. Op. cit. p. 278-279.

Os argumentos apresentados por Melhim Namem Chalhub, como se observa, buscam, na realidade, preservar as características inerentes ao instituto da alienação fiduciária em garantia, que, respeitosamente, foram desconfiguradas pela jurisprudência do Colendo Superior Tribunal de Justiça. Imbuídos do princípio da função social e da preservação do contrato (Código Civil, artigo 421), os nobres ministros optaram por permitir que o devedor fiduciante purgue a mora mesmo após a consolidação da propriedade do imóvel em nome do credor fiduciário, com isso, visando a permitir que aquele permaneça com o imóvel se efetuar o pagamento do débito.

Todavia, a despeito desse embate jurídico, fato é que não sendo purgada a mora pelo devedor fiduciante, a propriedade do imóvel será consolidada em nome do credor fiduciário. Com a averbação na matrícula do imóvel da consolidação, surge então para o credor fiduciário a obrigação de promover o leilão extrajudicial do imóvel, procedimento que será tratado no próximo subitem.

3.6.3.2. *Leilão do imóvel*

Como visto, tendo o devedor fiduciante inadimplido a obrigação contratual de pagamento, não tendo ele purgado a mora e tendo o credor fiduciário recolhido o valor do imposto de transmissão imobiliária *inter vivos* ou do laudêmio, a propriedade do imóvel será consolidada em nome do credor fiduciário.

Assim, segundo disposto no artigo 27 da Lei n. 9.514, de 1997, nos 30 (trinta) dias subsequentes ao registro na respectiva matrícula do imóvel da consolidação da propriedade em nome do credor fiduciário, este deverá promover o leilão público do imóvel outrora alienado fiduciariamente.

É de se notar que o legislador foi omisso com relação à mora do credor fiduciário em realizar o leilão público extrajudicial ou, até mesmo, ao descumprimento desta obrigação, não lhe sendo imposta qualquer sanção. José Eduardo Lourciro é um dos críticos dessa omissão legislativa, asseverando que o credor fiduciário, se for instituição financeira, deverá ser punido na esfera dos procedimentos do Banco Central, ou, então, concomitantemente, responder judicialmente pelos eventuais danos ou prejuízos que sua mora vier a provocar no devedor fiduciante.[161]

---

[161] LOUREIRO, JOSÉ EDUARDO. Alienação Fiduciária de Coisa Imóvel. Revista do Advogado, São Paulo, n. 63, p. 86-95, jun. 2001.

Uma possível solução para essa omissão legislativa seria a aplicação subsidiária da multa moratória prevista no artigo 25, § 1º da Lei n. 9.514, de 1997, em que o credor fiduciário sofrerá a sanção de pagar uma multa em favor do devedor fiduciante, equivalente a meio por cento ao mês, ou fração, sobre o valor do contrato quando deixar de fornecer o termo de quitação tempestivamente, desde que, esteja devidamente previsto no contrato de alienação fiduciário firmado entre as partes.

A realização do referido leilão público poderá ser dispensada em apenas duas circunstâncias expressamente previstas pelo legislador, ambas já comentadas anteriormente neste trabalho. A *primeira* delas é por meio da purgação da mora pelo devedor fiduciante, que de acordo com o posicionamento jurisprudencial poderá ocorrer até a assinatura do termo de arrematação. A *segunda* situação é aquela incluída pela Lei n. 10.931, de 2004 e estabelecida no artigo 26, § 8º,[162] em que o devedor fiduciante poderá dar em pagamento ao credor fiduciário o imóvel que servia de garantia.

Como asseverado anteriormente, nos termos do artigo 24, inciso VII,[163] o procedimento para a realização do leilão público, por meio de leiloeiro oficial, deve estar devidamente previsto nas cláusulas contratuais.

Isso ocorre porque, apesar da remissão ao artigo 27, este dispositivo não apresenta todas as regras que o credor fiduciário deverá se atentar para a realização do leilão público extrajudicial.

De uma forma geral, em que pese a ausência de disposição legal expressa sobre o assunto, entende-se que o contrato precisa estabelecer as seguintes questões: (i) a forma de intimação do devedor fiduciante sobre o leilão público extrajudicial; (ii) a forma como serão publicados os editais do primeiro e do segundo leilão; (iii) a fixação dos prazos para a realização dos leilões; (iv) o valor do imóvel em cada um dos leilões; e (v) o valor da dívida, com a devida discriminação de todos os valores que a compõem.

Com relação ao primeiro item supramencionado, qual seja, a intimação do devedor fiduciante, imperioso notar que se trata de questão

---

[162] "Art. 26. § 8º O fiduciante pode, com a anuência do fiduciário, dar seu direito eventual ao imóvel em pagamento da dívida, dispensados os procedimentos previstos no art. 27".
[163] "Art. 24. O contrato que serve de título ao negócio fiduciário conterá: (...) VII — a cláusula dispondo sobre os procedimentos de que trata o art. 27".

bastante controvertida e que com grande frequência demandava intervenção do Poder Judiciário.[164] Justamente por isso que o legislador, por meio da Lei n. 13.465, de 2017, inseriu o § 2º-A[165] em que se estabelece a obrigatoriedade da comunicação do devedor sobre a realização dos leilões para venda do imóvel.

Com isso superada a discussão até então havia, sendo devidamente positivada a necessidade de comunicação do devedor fiduciante acerca do leilão público extrajudicial do imóvel dado em garantia. Importante destacar que o legislador, não apenas deixou de exigir a comunicação pessoal do devedor, como ainda inovou ao permitir que a comunicação ocorra nos endereços indicados no contrato, *"inclusive ao endereço eletrônico"*.

Sobre esse ponto, Bruno Fernando Garutti pondera que o legislador não estabeleceu prazo mínimo para que a comunicação se efetivasse, de modo que caberá ao credor fiduciário a notificação do devedor fiduciante durante os 30 (trinta) dias subsequentes à consolidação da propriedade em seu nome.[166]

---

[164] Sobre a necessidade de intimação do devedor fiduciante, a jurisprudência do Colendo Superior Tribunal de Justiça há muito já havia se consolidado no sentido de ser necessária, sob pena de nulidade do leilão: "Recurso especial. Ação anulatória de arrematação. Negativa de prestação jurisdicional. Art. 535 do CPC. Não ocorrência. Lei nº 9.514/97. Alienação fiduciária de coisa imóvel. Leilão extrajudicial. Notificação pessoal do devedor fiduciante. Necessidade. A teor do que dispõe o artigo 39 da Lei nº 9.514/97, aplicam-se as disposições dos artigos 29 a 41 do Decreto-Lei nº 70/66 às operações de financiamento imobiliário em geral a que se refere a Lei nº 9.514/97. No âmbito do Decreto-Lei nº 70/66, a jurisprudência do Superior Tribunal de Justiça há muito se encontra consolidada no sentido da necessidade de intimação pessoal do devedor acerca da data da realização do leilão extrajudicial, entendimento que se aplica aos contratos regidos pela Lei nº 9.514/97" (STJ — Terceira Turma — REsp 1.447.687/DF, Rel. Ministro Ricardo Villas Bôas Cueva, j. 21/08/2014, DJe 08/09/2014). No mesmo sentido: STJ — Terceira Turma — AgRg no REsp 1.367.704/RS, Rel. Ministro Paulo de Tarso Sanseverino, j. 04/08/2015, DJe 13/08/2015; STJ — Quarta Turma — AgRg no REsp 1.481.211/SP, Rel. Ministro Lázaro Guimarães (desembargador convocado do TRF 5ª Região), j. 19/10/2017, DJe 08/11/2017.

[165] "Art. 27 (...) § 2o-A. Para os fins do disposto nos §§ 1o e 2o deste artigo, as datas, horários e locais dos leilões serão comunicados ao devedor mediante correspondência dirigida aos endereços constantes do contrato, inclusive ao endereço eletrônico".

[166] Garutti, Bruno Fernando. As alterações promovidas pela lei 13.465/17 na sistemática da alienação fiduciária em garantia de bem imóvel — Lei 9.514/97. Migalhas. Disponível em http://www.migalhas.com.br /dePeso/16,MI262821,81042-As+alteracoes+promovidas+pela+lei+1346517+na+ sistematica+da+alienacao acessado 15/5/2018

E indo além, o autor supracitado ainda assevera que o requisito legal de comunicação será cumprido ainda que não haja o efetivo recebimento por parte do devedor fiduciante. Posicionamento que também é seguido por Melhim Namem Chalhub, que afirma que *"a lei não exige comprovação de entrega da comunicação ao destinatário, diferentemente da exigência de intimação pessoal do devedor-fiduciante para efeito de purgação de mora (Lei 9.514/1997, art. 26, § 1º), determinando apenas que, para ciência das datas designadas para leilão, a correspondência seja dirigida aos endereços constantes do contrato"*.[167]

Considerando que a questão ainda é recente, são poucos os julgados do Colendo Superior Tribunal de Justiça, entretanto, merece destaque o excerto do acórdão relatado pela Ministra Maria Isabel Gallotti, em que afirma que *"se a lei permite a comunicação por meio de edital, com maior razão está satisfeito o objetivo da norma se houve envio de carta ao endereço da devedora"*.[168]

Relativamente ao item subsequente que deverá estar presente no contrato de alienação fiduciária, necessário que se estabeleçam os requisitos elementares para a publicação dos editais divulgando a alienação do bem imóvel, cuja propriedade foi consolidada em nome do credor fiduciário.

Novamente, apesar de a legislação não estabelecer qualquer regra para publicação dos editais dos leilões, Marcelo Terra[169] entende que também deve ser adotado o regramento do § 4º do artigo 26 da Lei n. 9.514, de 1997, a qual estabelece como deve ser procedida a intimação do devedor fiduciante que se encontra em local ignorado, incerto ou inacessível.[170] Assim sendo, o edital do leilão público deverá ser publicado em jornais de grande circulação por, pelo menos, 3 (três) dias distintos.[171]

---

[167] CHALHUB, MELHIM NAMEM. Op. cit. p. 285.

[168] STJ — Quarta Turma — AgInt no REsp 1.522.512/DF, Rel. Ministra MARIA ISABEL GALLOTTI, j. 23/4/2019, DJe 25/04/2019.

[169] TERRA, MARCELO. Op. cit. p. 45-46.

[170] "Art. 26. (...) § 4º Quando o fiduciante, ou seu cessionário, ou seu representante legal ou procurador encontrar-se em local ignorado, incerto ou inacessível, o fato será certificado pelo serventuário encarregado da diligência e informado ao oficial de Registro de Imóveis, que, à vista da certidão, promoverá a intimação por edital publicado durante 3 (três) dias, pelo menos, em um dos jornais de maior circulação local ou noutro de comarca de fácil acesso, se no local não houver imprensa diária, contado o prazo para purgação da mora da data da última publicação do edital".

[171] De forma complementar, MELHIM NAMEM CHALHUB afirma que "devem as partes, obviamente, ater-se aos princípios gerais que regem a matéria, já consagrados no direito posi-

ALIENAÇÃO FIDUCIÁRIA DE BEM IMÓVEL

De forma complementar, é ainda aconselhável que o credor fiduciário, ao menos e por analogia, observe e faça constar no edital do leilão público extrajudicial os elementos elencados no artigo 886 do Código de Processo Civil, que são exigidos quando da realização de leilão judicial eletrônico ou presencial para alienação de bem penhorado.[172]

Em que pese ter deixado de disciplinar algumas das exigências para publicação dos editais, a Lei n. 9.514, de 1997, em seu artigo 27, *caput* e § 1º,[173] estabeleceu expressamente os prazos para que os leilões fossem realizados.

Assim sendo, o primeiro leilão deverá ocorrer nos 30 (trinta) dias subsequentes à consolidação da propriedade em nome do credor fiduciário, ao passo que o segundo leilão realizar-se-á nos 15 (quinze) dias seguintes. Obviamente, que somente ocorrerá o segundo leilão se no primeiro não houver lance superior ao valor legalmente exigido.

---

tivo, notadamente aqueles explicitados no Código de Processo Civil, na Lei 4.591/1964 e no Decreto-lei 70/1966". (op. cit. p. 286.)

[172] "Art. 886. O leilão será precedido de publicação de edital, que conterá:
I — a descrição do bem penhorado, com suas características, e, tratando-se de imóvel, sua situação e suas divisas, com remissão à matrícula e aos registros;
II — o valor pelo qual o bem foi avaliado, o preço mínimo pelo qual poderá ser alienado, as condições de pagamento e, se for o caso, a comissão do leiloeiro designado;
III — o lugar onde estiverem os móveis, os veículos e os semoventes e, tratando-se de créditos ou direitos, a identificação dos autos do processo em que foram penhorados;
IV — o sítio, na rede mundial de computadores, e o período em que se realizará o leilão, salvo se este se der de modo presencial, hipótese em que serão indicados o local, o dia e a hora de sua realização;
V — a indicação de local, dia e hora de segundo leilão presencial, para a hipótese de não haver interessado no primeiro;
VI — menção da existência de ônus, recurso ou processo pendente sobre os bens a serem leiloados.
Parágrafo único. No caso de títulos da dívida pública e de títulos negociados em bolsa, constará do edital o valor da última cotação."

[173] "Art. 27. Uma vez consolidada a propriedade em seu nome, o fiduciário, no prazo de trinta dias, contados da data do registro de que trata o § 7º do artigo anterior, promoverá público leilão para a alienação do imóvel.
§ 1º Se no primeiro leilão público o maior lance oferecido for inferior ao valor do imóvel, estipulado na forma do inciso VI e do parágrafo único do art. 24 desta Lei, será realizado o segundo leilão nos quinze dias seguintes".

Isso porque o artigo 27, § 1º, fazendo remissão ao artigo 24, inciso VI,[174] dispõe que o valor mínimo exigido para o primeiro leilão é aquele estipulado pelas partes quando da celebração do contrato, conforme anteriormente explicitado. Ou seja, ao firmarem o contrato de alienação fiduciária, faz-se imperiosa uma avaliação do imóvel para que o valor encontrado seja utilizado como referência para a futura e eventual alienação por meio do leilão público extrajudicial.

Como estabelecido, o valor de avaliação será o lance mínimo pelo qual o credor fiduciário não poderá recusar que o imóvel seja alienado no primeiro leilão. Insta, no entanto, observar, que em razão da mudança trazida pela Lei n. 13.465, de 2017, foi inserido o parágrafo único ao artigo 24, o qual estabelece que o valor de avaliação não poderá ser inferior ao valor utilizado pelos órgãos competentes para o cálculo do imposto sobre transmissão imobiliária *inter vivos* (ITBI). Deste modo, na hipótese de o valor estabelecido pelas partes ser inferior, o lance mínimo do primeiro leilão não mais será esse valor, mas sim aquele utilizado como base de cálculo do ITBI pela Municipalidade.

A adoção dessa nova sistemática, como já comentado em capítulo prévio, é muito salutar para o contrato de alienação fiduciária na medida que preserva os interesses tanto do credor fiduciário, como do devedor fiduciante. A respeito disso, Melhim Namem Chalhub afirma que se trata *"de critério compatível com o princípio do equilíbrio da execução, seja porque é aferição realizada em data contemporânea à do leilão, seja porque é realizada por um terceiro, não comprometido com qualquer das partes"*.[175]

Não sendo ofertado qualquer lance no primeiro leilão que atenda a essas exigências, indispensável então a realização de um segundo leilão nos 15 (quinze) dias subsequentes, como já informado. Contudo, ante a ausência de lance, o legislador viu a necessidade de modificar o valor mínimo exigido quando da realização do segundo leilão, estabelecendo no artigo 27, § 2º que este deverá ser *"igual ou superior ao valor da dívida, das despesas, dos prêmios de seguro, dos encargos legais, inclusive tributos, e das contribuições condominiais"*.

Nem poderia ser diferente. A essência da alienação fiduciária em garantia de bem imóvel, como analisado anteriormente, é justamente

---

[174] "Art. 24. (...) VI — a indicação, para efeito de venda em público leilão, do valor do imóvel e dos critérios para a respectiva revisão".
[175] CHALHUB, Melhim Namem. Op. cit. p. 288.

garantir que a dívida seja paga, *a priori*, voluntariamente pelo devedor fiduciante; no caso de inadimplemento deste, é que, então, o produto da venda do imóvel será utilizado para quitar a dívida.

Assim, para que o valor do lance no segundo leilão seja considerado válido, deverá ser superior à soma da totalidade da dívida e das despesas tidas pelo credor fiduciário até então. Nos termos do artigo 27, § 3º, incisos I e II, "*entende-se por dívida o saldo devedor da operação de alienação fiduciária, na data do leilão, nele incluídos os juros convencionais, as penalidades e os demais encargos contratuais; e por despesas a soma das importâncias correspondentes aos encargos e custas de intimação e as necessárias à realização do público leilão, nestas compreendidas as relativas aos anúncios e à comissão do leiloeiro*".

Assim, se houver lance que supere os valores mínimos exigidos, o credor fiduciário obrigatoriamente terá que aceitar o valor e firmar com o adquirente um contrato de venda e compra (seja por meio de escritura pública, seja por instrumento particular com efeito de escritura pública, conforme autorizado pelo artigo 38), transferindo-lhe o imóvel.

Consoante dispõe o artigo 27, § 4º da Lei n. 9.514, de 1997, em sendo positivo o leilão para a alienação do imóvel, ao receber o produto da venda, nos 5 (cinco) dias subsequentes, o credor fiduciário reterá para si o valor da soma entre a *dívida* e as *despesas* — conforme definição acima (vide 27, § 3º, incisos I e II) —, devendo entregar ao devedor fiduciante o montante excedente. Por consequência lógica, tendo o credor fiduciário recebido a integralidade da dívida, deverá fornecer ao devedor fiduciante o termo de quitação da dívida.

Importante observar que o legislador estabeleceu que o montante recebido pelo devedor fiduciante já compreenderá o valor da indenização pelas eventuais benfeitorias realizadas no imóvel, de modo que o fiduciante não terá direito a retenção, nem a pleitear qualquer outro valor ao credor fiduciário.

Cabe aqui trazer uma novidade introduzida pela Lei n. 13.465, de 2017, com a inclusão do § 2º-B ao artigo 27,[176] que se refere ao direito de

---

[176] "Art. 27. (...) § 2º-B. Após a averbação da consolidação da propriedade fiduciária no patrimônio do credor fiduciário e até a data da realização do segundo leilão, é assegurado ao devedor fiduciante o direito de preferência para adquirir o imóvel por preço correspondente ao valor da dívida, somado aos encargos e despesas de que trata o § 2o deste artigo, aos valores correspondentes ao imposto sobre transmissão inter vivos e ao laudêmio, se for o caso, pagos para efeito de consolidação da propriedade fiduciária no patrimônio do credor fidu-

preferência de o devedor fiduciante readquirir a propriedade do imóvel após esta propriedade já tiver sido consolidada em nome do credor fiduciário. Mister deixar claro, desde já, que esse direito de preferente para readquirir o imóvel não se confunde com a possibilidade de se purgar a mora até a assinatura do termo de arrematação que a jurisprudência do Colendo Superior Tribunal de Justiça vem decidindo.

O direito de preferência de readquirir o imóvel confere ao devedor fiduciante o direito de adquirir o imóvel pelo preço que o imóvel será alienado no segundo leilão, isto é, correspondente ao valor da dívida acrescido de todos os encargos, impostos e despesas desembolsados pelo credor fiduciário em decorrência do inadimplemento contratual que acarretou a consolidação da propriedade fiduciária em seu nome. Referida novidade legislativa se coaduna com o que o decidiu o Colendo Superior Tribunal de Justiça, quando do julgamento do Recurso Especial n. 1.518.085.[177]

---

ciário, e às despesas inerentes ao procedimento de cobrança e leilão, incumbindo, também, ao devedor fiduciante o pagamento dos encargos tributários e despesas exigíveis para a nova aquisição do imóvel, de que trata este parágrafo, inclusive custas e emolumentos".

[177] Recurso especial. Alienação fiduciária de coisa imóvel. Lei n. 9.514/1997. Quitação do débito após a consolidação da propriedade em nome do credor fiduciário. Possibilidade. Aplicação subsidiária do decreto-lei n. 70/1966. Proteção do devedor. Abuso de direito. Exercício em manifesto descompasso com a finalidade. 1. É possível a quitação de débito decorrente de contrato de alienação fiduciária de bem imóvel (Lei nº 9.514/1997), após a consolidação da propriedade em nome do credor fiduciário. Precedentes. 2. No âmbito da alienação fiduciária de imóveis em garantia, o contrato não se extingue por força da consolidação da propriedade em nome do credor fiduciário, mas, sim, pela alienação em leilão público do bem objeto da alienação fiduciária, após a lavratura do auto de arrematação. 3. A garantia do direito de quitação do débito antes da assinatura do auto de arrematação protege o devedor da onerosidade do meio executivo e garante ao credor a realização de sua legítima expectativa — recebimento do débito contratado. 4. Todavia, caracterizada a utilização abusiva do direito, diante da utilização da inadimplência contratual de forma consciente para ao final cumprir o contrato por forma diversa daquela contratada, frustrando intencionalmente as expectativas do agente financeiro contratante e do terceiro de boa-fé, que arrematou o imóvel, afasta-se a incidência dos dispositivos legais mencionados. 5. A propositura de ação de consignação, sem prévia recusa do recebimento, inviabilizou o oportuno conhecimento da pretensão de pagamento pelo credor, ensejando o prosseguimento da alienação do imóvel ao arrematante de boa-fé. 6. Recurso especial não provido. (STJ — Terceira Turma — REsp 1.518.085/RS, Rel. Ministro Marco Aurélio Bellizze, j. 12/05/2015, DJe 20/05/2015).

Na verdade, trata-se de uma nova aquisição do imóvel por parte do devedor fiduciante, de forma que será dele exigido o pagamento de novo imposto de transmissão imobiliária *inter vivos* (ITBI), bem como das custas e dos emolumentos cartorários, ou seja, todos os custos inerentes a uma nova aquisição imobiliária.

Necessário ainda analisar a conjectura em que o maior lance ofertado no segundo leilão não iguala, muito menos supera o valor da dívida. Nos termos dos §§ 5º e 6º do artigo 27 da Lei n. 9.514, de 1997, o credor fiduciário receberá a propriedade plena do imóvel e considerar-se-á a dívida extinta, com a exoneração do devedor fiduciante de toda e qualquer obrigação perante o credor fiduciário. Este, por sua vez, no prazo de 5 (cinco) dias deverá fornecer termo de quitação da dívida ao devedor-fiduciante.

Com relação a situação exposta acima, surgem duas questões sensíveis, quais sejam: a primeira relativa a vedação legal do pacto comissório (artigo 1.428 do Código Civil[178]); e, a segunda, diz respeito a extinção da dívida mesmo quando o valor do imóvel não for superior ao valor da dívida. Por ser necessário uma melhor explanação, ambas as questões serão ulteriormente melhor abordadas em capítulo próprio.

3.6.3.2.1. *Taxa de ocupação e despesas do uso do imóvel*

A partir da Medida Provisória n. 2.223, de 2001, a qual foi ulteriormente revogada pela Lei n. 10.931, de 2004, foi inserido o artigo 37-A na Lei n. 9.514, de 1997, que estabeleceu uma taxa pela ocupação indevida por parte do devedor fiduciante.

Em seguida, a redação do mencionado artigo foi modificada pela Lei n. 13.465, de 2017, passando a ser da seguinte forma: "*o devedor fiduciante pagará ao credor fiduciário, ou a quem vier a sucedê-lo, a título de taxa de ocupação do imóvel, por mês ou fração, valor correspondente a 1% (um por cento) do valor a que se refere o inciso VI ou o parágrafo único do art. 24 desta Lei, computado e exigível desde a data da consolidação da propriedade fiduciária no patrimônio do credor fiduciante* [sic] *até a data em que este, ou seus sucessores, vier a ser imitido na posse do imóvel*".[179]

---

[178] "Art. 1.428. É nula a cláusula que autoriza o credor pignoratício, anticrético ou hipotecário a ficar com o objeto da garantia, se a dívida não for paga no vencimento".

[179] Observa-se que o legislador erroneamente se utiliza da expressão "credor fiduciante", ao passo que o correto seria "credor fiduciário".

Como se nota, trata-se de situação muito específica em que o devedor fiduciante deverá indenizar o credor fiduciário (ou seu substituto) com o pagamento de uma espécie de aluguel, caso o imóvel permaneça ocupado pelo próprio fiduciante ou por terceiros após a consolidação da propriedade em nome do credor fiduciário.

O legislador optou por já fixar o valor dessa taxa de ocupação, que será de 1% (um por cento) do valor de avaliação do imóvel fixado no contrato (nos termos do artigo 24, inciso VI). Além disso, estabeleceu-se o termo inicial desta taxa, que é devida a partir do decurso do prazo para o devedor fiduciante purgar a mora e que, por consequência, dará a consolidação da propriedade fiduciária no patrimônio do credor fiduciante. O termo final, por sua vez, será a data em que o imóvel foi integralmente desocupado.

Com relação ao termo inicial, o Colendo Superior Tribunal de Justiça vem atribuindo interpretação diferente ao artigo 37-A, asseverando que a taxa de ocupação somente será devida depois da alienação do imóvel no leilão judicial.[180] Do voto do Ministro Relator Paulo De Tarso Sanseverino, se extrai o fundamento deste entendimento:

> *O fundamento para que essa taxa não incida no período anterior à alienação é que a propriedade fiduciária não se equipara à propriedade plena, por*

---

[180] "Recurso especial. Civil. Sistema financeiro da habitação — SFH. Reintegração de posse. Taxa de ocupação. Incidência antes d a alienação extrajudicial do imóvel. Descabimento. Art. 37-A da lei 9.514/97. Distinção entre propriedade fiduciária e propriedade plena. 'Duty to mitigate the loss'. Hipótese de leilão frustrado. 1. Controvérsia acerca da incidência de taxa de ocupação no período anterior ao leilão extrajudicial de imóvel ocupado por mutuário inadimplente. 2. Previsão expressa no art. 37-A da Lei 9.514/97 de que a taxa de ocupação somente começa a incidir depois da alienação do imóvel. 3. Distinção entre propriedade fiduciária e propriedade plena. 4. Afetação da propriedade fiduciária ao propósito de garantia, não dispondo o credor fiduciário do 'jus fruendi', enquanto não realizada a garantia. 5. Dever da instituição financeira de promover o leilão extrajudicial no prazo de 30 (trinta) dias da consolidação da propriedade (cf. art. 27 da Lei 9.514/97), com o objetivo de evitar o crescimento acentuado da dívida. 6. Dever de mitigação das perdas do devedor (mutuário), atendendo aos deveres impostos pelo princípio da boa-fé objetiva ("duty to mitigate the loss"). 7. Extinção compulsória da dívida na hipótese de leilão frustrado (cf. art. 27, § 5º, da Lei 9.514/97). 8. Incidência da taxa de ocupação somente após a extinção da dívida. Julgado específico da Quarta Turma. 9. Recurso especial provido, em parte". (STJ — Terceira Turma — REsp 1401233/RS, Rel. Ministro Paulo de Tarso Sanseverino, j. 17/11/2015, DJe 26/11/2015)

estar vinculada ao propósito de garantia da dívida, conforme expressamente dispõe o art. 1.367 do Código Civil.

Por essa razão, o titular da propriedade fiduciária não goza de todos os poderes inerentes ao domínio.

Efetivamente, não se reconhece ao proprietário fiduciário os direitos de usar (jus utendi) e de fruir (jus fruendi) da coisa, restando-lhe apenas os direitos de dispor da coisa (jus abutendi) e de reavê-la de quem injustamente a possua (rei vindicatio).

Essa limitação de poderes se mantém após a consolidação da propriedade em favor do credor fiduciário, pois essa consolidação se dá exclusivamente com o propósito satisfazer a dívida.

Essa taxa, pela sua própria definição, tem natureza de fruto do imóvel objeto da alienação fiduciária.

Ora, se o credor fiduciário não dispõe do jus fruendi (como já demonstrado), não pode exigir do devedor o pagamento de taxa de ocupação. Efetivamente, os únicos frutos que podem ser exigidos pelo banco credor são os juros, frutos do capital mutuado".

No entanto, é de se ressaltar que o julgamento de referido recurso ocorreu antes da vigência da Lei n. 13.465, de 2017, que dentre as alterações inseridas na redação do artigo 37-A, modificou expressamente o termo inicial da taxa de ocupação: antes incidia *"desde a data da alienação em leilão"*, enquanto, depois, passou a incidir *"desde a data da consolidação da propriedade fiduciária no patrimônio do credor fiduciante"*.

Ademais, em que pese respeitar o entendimento do nobre ministro, apesar de não possuir a propriedade plena, a Lei n. 9.514, de 1997 estabelece que com consolidação em nome do credor fiduciário lhe será outorgado o direito de possuir de forma direta ao imóvel. Tanto assim, que nos termos de seu artigo 30 "é assegurada ao fiduciário, seu cessionário ou sucessores (...) a reintegração na posse do imóvel (...) desde que comprovada, na forma do disposto no art. 26, a consolidação da propriedade em seu nome".

Cumpre ainda relembrar que o artigo 24, inciso V garante ao devedor fiduciante a *"livre utilização, por sua conta e risco, do imóvel objeto da alienação fiduciária"* apenas e tão somente *"enquanto adimplente"*. Portanto, respeitando o entendimento em sentido diverso, a taxa de ocupação será devida desde a consolidação da propriedade em nome do credor fiduciário.[181]

Mister ainda observar que a cláusula que vier a estabelecer a taxa de ocupação será, em essência, uma cláusula penal, visando a fixar as perdas e danos que o credor fiduciário sofrerá em decorrência da ocupação indevida do imóvel. Note-se ainda que o percentual fixado, de 1% (um por cento) ao mês, não se distancia muito da prática comercial, em que o aluguel é estabelecido entre 0,5% e 0,7% do valor do imóvel, isso desconsiderando os acréscimos da multa moratória prevista nos regulares contratos de locação.

3.7. Cessão da posição na alienação fiduciária

O credor fiduciário, nos termos do artigo 28 da Lei n. 9.514, de 1997,[182] poderá ceder seu crédito objeto do contrato de alienação fiduciária em

---

[181] Em sentido semelhante: "SFI — Sistema Financeiro Imobiliário. Lei 9.514/97. Alienação fiduciária de bem imóvel. Inadimplemento do fiduciante. Consolidação do imóvel na propriedade do fiduciário. Leilão extrajudicial. Suspensão. Irregularidade na intimação. Pretensão, do credor, a obter a reintegração da posse do imóvel anteriormente ao leilão disciplinado pelo art. 27 da lei 9.514/97. Possibilidade. Interpretação sistemática da lei. 1. Os dispositivos da Lei 9.514/97, notadamente seus arts. 26, 27, 30 e 37-A, comportam dupla interpretação: é possível dizer, por um lado, que o direito do credor fiduciário à reintegração da posse do imóvel alienado decorre automaticamente da consolidação de sua propriedade sobre o bem nas hipóteses de inadimplemento; ou é possível afirmar que referido direito possessório somente nasce a partir da realização dos leilões a que se refere o art. 27 da Lei 9.514/97. 2. A interpretação sistemática de uma Lei exige que se busque, não apenas em sua arquitetura interna, mas no sentido jurídico dos institutos que regula, o modelo adequado para sua aplicação. Se a posse do imóvel, pelo devedor fiduciário, é derivada de um contrato firmado com o credor fiduciante, a resolução do contrato no qual ela encontra fundamento torna-a ilegítima, sendo possível qualificar como esbulho sua permanência no imóvel. 3. A consolidação da propriedade do bem no nome do credor fiduciante confere-lhe o direito à posse do imóvel. Negá-lo implicaria autorizar que o devedor fiduciário permaneça em bem que não lhe pertence, sem pagamento de contraprestação, na medida em que a Lei 9.514/97 estabelece, em seu art. 37-A, o pagamento de taxa de ocupação apenas depois da realização dos leilões extrajudiciais. Se os leilões são suspensos, como ocorreu na hipótese dos autos, a lacuna legislativa não pode implicar a imposição, ao credor fiduciante, de um prejuízo a que não deu causa. 4. Recurso especial não provido". (STJ — Terceira Turma — REsp 1.155.716/DF — Rel. Ministra NANCY ANDRIGHI, DJe 22/03/2012).

[182] "Art. 28. A cessão do crédito objeto da alienação fiduciária implicará a transferência, ao cessionário, de todos os direitos e obrigações inerentes à propriedade fiduciária em garantia".

garantia, situação em que este terceiro (cessionário) se sub-rogará nos direitos e obrigações assumidas perante o devedor fiduciante.

O cessionário precisará efetuar o registro da cessão da posição contratual junto à matrícula do imóvel no competente Registro de Imóveis, tanto para que surta efeito *erga omnes*, como, principalmente, para que lhe seja, efetivamente, transferida a propriedade fiduciária.

Em que pese o artigo 35 da Lei n. 9.514, de 1997[183] dispensar, é aconselhável que referida cessão seja ser comunicada ao devedor fiduciante, tudo com o fim de evitar qualquer questionamento por parte deste, bem como que contrato continue sendo adimplido.

Por consequência da cessão, tal como procederia o credor fiduciário original, o cessionário deverá — se, e quando, o devedor fiduciante deixar de adimplir a obrigação principal de pagar as parcelas do financiamento ou do mútuo — promover a intimação do devedor fiduciante para que este purgue a mora no prazo legal de 15 (quinze) dias. Em não sendo purgada, o cessionário poderá então requerer a consolidação da propriedade do imóvel dado em garantia em seu nome, mediante pagamento do imposto de transmissão imobiliária *inter vivos*.

Da mesma forma ainda, ulteriormente a consolidação da propriedade em seu nome, o cessionário realizará os leilões públicos, respeitando os valores mínimos dos lances em cada um deles. Em caso de inexistência de lance que atenta aos parâmetros legais, o cessionário poderá adjudicar para si o imóvel.

Por outro lado, o cessionário assumirá todas as obrigações e deveres do antigo credor fiduciário, em especial aquelas previstas nos artigos 25, § 1º e 27, § 4º da Lei n. 9.514, de 1997, quais sejam a de fornecer, com o pagamento integral da dívida, o termo de quitação para que a propriedade plena se consolide em nome do devedor fiduciante, e a de entregar ao fiduciante o montante que eventualmente sobejar o produto da venda do bem imóvel em um dos leilões públicos.

Importante ainda destacar a aplicação subsidiária do artigo 296 do Código Civil,[184] de modo que se não no contrato de cessão não houver

---

[183] "Art. 35. Nas cessões de crédito a que aludem os arts. 3º, 18 e 28, é dispensada a notificação do devedor".
[184] "Art. 296. Salvo estipulação em contrário, o cedente não responde pela solvência do devedor".

estipulação em contrário, o cedente, ou seja, o credor fiduciário original se exonera de todas as obrigações, não respondendo, inclusive pela solvência do devedor fiduciante.

Nos termos do artigo 31 da Lei n. 9.514, de 1997, os mesmos efeitos decorrentes da cessão da posição do credor fiduciário ocorrerão quando fiador ou terceiro interessado pagar a dívida, já que se sub-rogará de pleno direito no crédito e na propriedade fiduciária.

Analisando o outro lado, isto é, o do devedor fiduciante, conforme asseverado brevemente infra, o artigo 29 da Lei n. 9.514, de 1997[185] permite da mesma forma que ele ceda sua posição contratual a terceiros, de modo que o cessionário se sub-rogará em todos os direitos e deves da posição assumida.

Insta, entretanto, observar que, neste caso, o legislador exigiu expressamente que o devedor fiduciante obtenha a anuência do credor fiduciário para que a cessão da posição se opere de pleno direito. A esse respeito, Melhim Namem Chalhub:

> *A cessão sem anuência do fiduciário só produz efeito entre o cedente e o cessionário e, por isso, é desaconselhável para todas as partes envolvidas no negócio, pois, de uma parte, o cedente continuará obrigado perante o fiduciário e, de outra parte, o cessionário não terá legitimação para reivindicar os direitos de fiduciante em face do fiduciário.*[186]

Com a anuência, o devedor fiduciário ou o cessionário deverá também efetuar o registro do contrato de cessão junto à matrícula do imóvel alienado fiduciariamente.

Nota-se que o legislador ao permitir a cessão tanto da posição do credor fiduciário, como do devedor fiduciante, permitindo assim o mercado secundário de crédito, deixou ainda mais claro o objetivo da Lei n. 9.514, de 1997, que é justamente o de fomentar o mercado imobiliário.

3.8. Insolvência das partes

Como amplamente asseverado acima, a alienação fiduciária em garantia se caracteriza pela transferência da propriedade fiduciária de um imóvel

---

[185] "Art. 29. O fiduciante, com anuência expressa do fiduciário, poderá transmitir os direitos de que seja titular sobre o imóvel objeto da alienação fiduciária em garantia, assumindo o adquirente as respectivas obrigações".
[186] CHALHUB, MELHIM NAMEM. Op. cit. p 269.

do devedor fiduciante para o credor fiduciário como forma de garantir o pagamento do mútuo ou financiamento por este concedido àquele. Sendo, portanto, uma transferência em condição resolúvel.

Com base nisso, reforça-se o exposto por Melhim Namem Chalhub de que *"a transmissão fiduciária não incrementa o patrimônio do proprietário fiduciário, sendo, antes, neutra em relação ao seu patrimônio, e por isso o fiduciário deve mantê-lo num patrimônio de afetação"*, distinto de seu patrimônio.[187] Até, que o direito sobre o imóvel alienado fiduciariamente não é registrado como direito de propriedade na contabilidade do credor fiduciário, mas apenas como direito de crédito.

Sobre o tema ainda, o Orlando Gomes se posicionou no sentido de que se o bem for arrecadada *"não integrará a massa falida* [do devedor fiduciante], *eis que o falido o alienara, tendo, sobre ele, tão somente, posse nomine alieno. É óbvio, consequentemente, o direito do proprietário fiduciário de reclamá-lo"*.[188]

Da mesma forma, registrada a alienação fiduciária em garantia junto à matrícula, o imóvel é excluído do ativo do devedor fiduciante, passando este a ter mera expectativa de direito sobre o bem. Justamente por isso que o imóvel dado em garantia à alienação fiduciária não responderá pelo pagamento das dívidas do devedor fiduciante, caso este se torne insolvência ou sofra falência ou recuperação judicial, conforme se extrai do disposto no artigo 32 do Lei n. 9.514, de 1997 cumulado com o artigo 49, § 3º da Lei n. 11.101, de 2005.[189]

---

[187] CHALHUB, MELHIM NAMEM. Op. cit. p. 107.
[188] GOMES, ORLANDO. Op. cit. p. 133-134.
[189] "Art. 32. Na hipótese de insolvência do fiduciante, fica assegurada ao fiduciário a restituição do imóvel alienado fiduciariamente, na forma da legislação pertinente".
"Art. 49. Estão sujeitos à recuperação judicial todos os créditos existentes na data do pedido, ainda que não vencidos. (...) § 3º Tratando-se de credor titular da posição de proprietário fiduciário de bens móveis ou imóveis, de arrendador mercantil, de proprietário ou promitente vendedor de imóvel cujos respectivos contratos contenham cláusula de irrevogabilidade ou irretratabilidade, inclusive em incorporações imobiliárias, ou de proprietário em contrato de venda com reserva de domínio, seu crédito não se submeterá aos efeitos da recuperação judicial e prevalecerão os direitos de propriedade sobre a coisa e as condições contratuais, observada a legislação respectiva, não se permitindo, contudo, durante o prazo de suspensão a que se refere o § 4º do art. 6º desta Lei, a venda ou a retirada do estabelecimento do devedor dos bens de capital essenciais a sua atividade empresarial".

Veja, portanto, que se trata de um instrumento que visa a proteger o crédito de modo mais eficaz e célere quando comparado com as demais garantias reais, já que o credor fiduciário ao criar um patrimônio de afetação, afasta eventual concorrência com os demais credores do devedor fiduciante.

Os argumentos utilizados para afastar a perda do bem imóvel quando da insolvência do devedor fiduciante servem, analogamente, para o caso de insolvência, falência ou recuperação judicial do credor fiduciário. Em outras palavras, por não ser proprietário pleno do imóvel, possuindo apenas sob condição resolutiva, não poderá também referido bem responder pelas dívidas do credor fiduciário.

Como visto, a expectativa do direito do devedor fiduciante sobre o imóvel tem natureza real, de modo que com a satisfação da dívida garantida pela alienação fiduciária, terá o devedor direito a consolidação da propriedade em seu nome, independentemente da condição em que se encontra o credor fiduciário.

A questão a respeito da alienação fiduciária no caso da falência ou recuperação do devedor fiduciante ou do credor fiduciante foi aqui trata de forma sintética, uma vez que, ante sua complexidade, seria necessária a elaboração de um trabalho específico, com uma análise muito mais profunda e extensa.

4. QUESTÕES PROCESSUAIS CONTROVERTIDAS DOS PROCEDIMENTOS DA ALIENAÇÃO FIDUCIÁRIA EM GARANTIA

Nos capítulos antecedentes, mais especificadamente no Capítulo 4, procurou-se descrever as principais características da alienação fiduciária em garantia de bem imóvel, pormenorizando seus elementos essenciais.

Isso porque, como analisado, a Lei n. 9.514, de 1997 ao estabelecer a alienação fiduciária de bem imóvel, mais especificadamente quando voltada para garantia de um crédito, criou um microssistema processual próprio, constituindo de procedimentos extrajudiciais a serem observados quando do inadimplemento de cada uma das partes, especialmente pelo devedor fiduciante.

Do ensinamento de Cândido Rangel Dinamarco e Bruno Vasconcelos Carrilho Lopes tem-se que a legalidade do processo está justamente em se respeitar o procedimento preestabelecido e que esse seja realizado em contraditório e por meio de uma relação jurídica processual.[190]

Justamente por isso que, com o inadimplemento do devedor fiduciante de sua obrigação principal na alienação fiduciária em garantia de bem imóvel, se fazia necessária a compreensão de cada uma das fases de intimação para purgação da mora, de consolidação da propriedade em

---

[190] DINAMARCO, CÂNDIDO RANGEL. LOPES, BRUNO VASCONCELOS CARRILHO. Teoria Geral do novo Processo Civil. São Paulo: Malheiros, 2016, p. 123-125.

nome do credor fiduciário e de realização dos leilões públicos para alienação do bem dado em garantia.

Conforme foi brevemente comentado, em que pese a disciplina legal, algumas questões relativas a estes procedimentos da alienação fiduciária em garantia acabam por gerar dúvidas interpretativas, seja em razão das expressões utilizadas pelo próprio legislador, seja em decorrência da ausência de dispositivo legal específico. E como não poderia deixar de ser, todas essas dúvidas são levadas para apreciação do Poder Judiciário, que precisa respondê-las.

Deste modo, feita as colocações introdutórias e explanações necessárias para boa compreensão do tema, possível adentrar de forma mais detalhada e pormenorizada em algumas das questões tidas por controvertidas referentes aos procedimentos oriundos da alienação fiduciária em garantia de bem imóvel. Assim, a abordagem pretendida é reunir, apontar e instigar o aprimoramento e estudo de tais questões, sem qualquer ambição de esgotá-las, dadas as peculiaridades, servindo a presente obra como um ponto de partida para, em sendo pertinente, o aprofundamento específico de cada questão processual apontada em trabalho específico.

4.1. Ações judiciais decorrentes da alienação fiduciária em garantia de bem imóvel

Analisando a Lei n. 9.514, de 1997, observa-se que, no que tange a alienação fiduciária em garantia de bem imóvel, apenas o artigo 30 orienta o ingresso de ação possessória junto ao Poder Judiciário, sendo que todas as demais questões relacionadas serão resolvidas por meio dos procedimentos extrajudiciais.

Isso porque a execução extrajudicial — assim como, por exemplo, o juízo arbitral —, possui limitações no que concerne à utilização da força coercitiva para impor seus comandos à parte infratora, estando essa autoridade de constrangimento limitada unicamente ao Poder Judiciário.

4.1.1. *Ação de reintegração de posse*

Conforme já explicitado neste trabalho, nos termos do artigo 23, parágrafo único da Lei n. 9.514, de 1997, com o registro do contrato de alienação fiduciária de bem imóvel junto à respectiva matrícula se constituirá a propriedade fiduciária, trazendo, como consequência, o desdobramento da posse sobre o imóvel: o devedor fiduciante com a posse direta, enquanto o credor fiduciário com a indireta.

A partir de então, o devedor fiduciante terá direito à *"livre utilização, por sua conta e risco, do imóvel objeto da alienação fiduciária"*, conforme previsto no inciso V do artigo 24. Todavia, esse direito de livre fruição está condicionado inexoravelmente ao cumprimento integral e pontual das obrigações assumidas no contrato firmado outrora com o credor fiduciário.

Com o eventual inadimplemento do devedor fiduciante, é facultado ao credor fiduciário iniciar os procedimentos fixados na Lei n. 9.514, de 1997, para consolidar a propriedade do bem imóvel alienado fiduciariamente em garantia em seu nome. Deste modo, com o referido descumprimento, o credor fiduciário deverá proceder com a intimação pessoal do devedor fiduciante para que este, no prazo de 15 (quinze) dias, purgue a mora.

Em não sendo purgada pelo fiduciante, o oficial do competente Registro de Imóveis comunicará este fato ao credor fiduciário, que, ulteriormente ao pagamento do imposto de transmissão imobiliária *inter vivos* — ITBI (ou, quando cabível, do laudêmio) e dos emolumentos cartorários, poderá requerer a consolidação da propriedade do imóvel em seu nome.

Como decorrência desta consolidação, a posse direta do devedor fiduciante deixará de ser legítima,[191] isto é, este passará a ser considerado esbulhador, dando ensejo à possibilidade de o credor fiduciário (ou o cessionário ou seu sucessor) pleitear a reintegração de posse do imóvel, segundo estabelecido no artigo 30 da Lei n. 9.514, de 1997.[192]

No tocante ao momento considerável do esbulho, Marcelo Terra afirma que *"a partir do não pagamento de qualquer das parcelas ou do não cumprimento de uma obrigação acessória, o devedor (fiduciante) é esbulhador da posse, justificando-se a reintegração"*.[193] Assim o faz com fundamento no mencionado artigo 24, inciso V.

---

[191] "Art. 1.200. É justa a posse que não for violenta, clandestina ou precária".
[192] "Art. 30. É assegurada ao fiduciário, seu cessionário ou sucessores, inclusive o adquirente do imóvel por força do público leilão de que tratam os §§ 1º e 2º do art. 27, a reintegração na posse do imóvel, que será concedida liminarmente, para desocupação em sessenta dias, desde que comprovada, na forma do disposto no art. 26, a consolidação da propriedade em seu nome".
[193] TERRA, MARCELO. Op. cit. p. 51.

Entretanto, o que se verifica do disposto no artigo 30 é que somente com a consolidação da propriedade estipulada no artigo 26, § 7º é que surgirá para o credor fiduciário o direito de ação de reintegração de posse. O entendimento de Marcelo Terra deve ser visto de forma mais ampla, de modo que, na verdade, o esbulho ocorre quando o devedor fiduciante, intimado, deixa de purgar a mora. A partir de então é que efetivamente estará configurado seu inadimplemento, que acarretará a consolidação da propriedade do imóvel em nome do credor fiduciário.

Por estabelecer o direito de pleitear a reintegração de posse, o credor fiduciário deverá se atentar cumulativamente aos requisitos legais inerentes a essa modalidade de ação possessória previstos tanto no artigo 30 da Lei n. 9.514, de 1997 quanto nos artigos 554 e seguintes do Código de Processo Civil. Além, é claro, dos requisitos específicos referentes à petição inicial contidos no art. 319 do Código de Processo Civil.

Aqui cabe uma ponderação levantada por Eduardo Chulam, para quem o entendimento é de que o legislador andou errado ao estabelecer a ação cabível como sendo a de reintegração de posse. Referido autor defende que a legislação deveria prever a possibilidade de ingresso de ação de imissão na posse, já que "*o novo titular terá direito de tomar a coisa, no caso, imitindo-se na posse*".[194] Justifica ainda seu ponto com base no disposto na parte final do artigo 37-A, que determina que a taxa de ocupação será devida "*até a data em que este* [credor fiduciário], *ou seus sucessores, vier a ser imitido na posse do imóvel*".[195]

Entretanto, os artigos 1.196 e 1.197 do Código Civil categoricamente autorizam o possuidor indireto, no caso, o credor fiduciário, a defender a posse em face do devedor direto (*in casu*, o devedor fiduciante), sendo a ação de reintegração de posse a medida judicial cabível. Some-se a isso o fato de o artigo 560 do Código de Processo Civil não fazer qualquer distinção entre possuidor direto ou indireto.

Nesse contexto, constata-se que terá legitimidade ativa para ingressar com a ação de reintegração de posse aquele que estiver sendo esbu-

---

[194] CHULAM, EDUARDO. Op. cit. p. 197.
[195] A expressão "vier a ser imitido na posse" também consta do no artigo 27, §8º da Lei nº 9.514, de 1997, que disciplina que o devedor fiduciante será responsável "pelo pagamento dos impostos, taxas, contribuições condominiais e quaisquer outros encargos que recaiam ou venham a recair sobre o imóvel" até o credor fiduciário ser imitido na posse.

lhado, e, por consequência, o legitimado passivo será todo aquele que estiver esbulhando a posse sobre o imóvel alienado fiduciariamente.

Quanto a legitimidade ativa, o artigo 30 da Lei n. 9.514, de 1997 foi bem clara e extensiva, estabelecendo que o direito é assegurado "*ao fiduciário, seu cessionário ou sucessores, inclusive o adquirente do imóvel por força do público leilão*". Com relação ao arrematante, aí sim, poder-se-ia considerar que sua legitimidade seria apenas para a ação de imissão na posse, já que jamais exerceu a posse sobre o bem imóvel arrematado, em aplicação análoga ao artigo 901, § 1º do Código de Processo Civil.[196]

Já o esbulhador será a legitimado para figurar no polo passivo, isto é, será a pessoa que estiver ocupando o imóvel alienado fiduciariamente de forma ilegítima, podendo ser o próprio devedor fiduciante, ou qualquer outra pessoa que esteja no imóvel, seja com o conhecimento do devedor (por exemplo, por meio da cessão ou da transmissão dos direitos sobre o imóvel, conforme artigo 29) ou não (como no caso de assentamentos em imóveis rurais). Imperioso observar a hipótese em que o imóvel alienado fiduciariamente tenha sido locado, o que será objeto de análise específica em subitem próximo.

Justamente do fato de o devedor fiduciante deixar de desocupar o imóvel é que surge o interesse de agir do credor fiduciário (ou do cessionário, sucessor ou arrematante) ingressar com a ação de reintegração de posse. Para tanto deverá, como já mencionado, não só cumprir os requisitos da petição inicial do artigo 319 do Código de Processo Civil,[197]

---

[196] "Art. 901. A arrematação constará de auto que será lavrado de imediato e poderá abranger bens penhorados em mais de uma execução, nele mencionadas as condições nas quais foi alienado o bem

§ 1º A ordem de entrega do bem móvel ou a carta de arrematação do bem imóvel, com o respectivo mandado de imissão na posse, será expedida depois de efetuado o depósito ou prestadas as garantias pelo arrematante, bem como realizado o pagamento da comissão do leiloeiro e das demais despesas da execução.

§ 2º A carta de arrematação conterá a descrição do imóvel, com remissão à sua matrícula ou individuação e aos seus registros, a cópia do auto de arrematação e a prova de pagamento do imposto de transmissão, além da indicação da existência de eventual ônus real ou gravame".

[197] "Art. 319. A petição inicial indicará: I — o juízo a que é dirigida; II — os nomes, os prenomes, o estado civil, a existência de união estável, a profissão, o número de inscrição no Cadastro de Pessoas Físicas ou no Cadastro Nacional da Pessoa Jurídica, o endereço eletrônico, o domicílio e a residência do autor e do réu; III — o fato e os fundamentos jurídicos do pedido; IV — o pedido com as suas especificações; V — o valor da causa; VI — as provas com

como também os do artigo 561 do mesmo diploma legal, ou seja, provar a sua posse, o esbulho, a data do esbulho e a perda da posse.

A prova da posse é facilmente realizável com a apresentação do contrato de alienação fiduciária em garantia do bem imóvel e com o respectivo comprovante de registo junto à matrícula do imóvel, por meio de certidão expedida pelo competente cartório de registro. Isso pois, somente com o registro do contrato é que ocorre o desdobramento da posse em favor do credor fiduciário, conforme artigo 23, parágrafo único da Lei n. 9.514, de 1997.

Já a data do esbulho tem relevância para as ações possessórias comuns, já que para o deferimento liminar para a desocupação do imóvel é necessário demonstrar que o esbulho decorre de uma ação de força nova, ou seja, que ocorreu há menos de ano e um dia.[198] Contudo, a Lei n. 9.514, de 1997 desconsiderou este requisito, estabelecendo que a reintegração na posse do imóvel será concedida liminarmente desde que comprovada, apenas e tão somente, a consolidação da propriedade em nome do credor fiduciário. Indo além, o legislador ainda fixou, desde já, o prazo de 60 (sessenta) dias para a desocupação do imóvel.

Assim sendo, o credor fiduciário pode ingressar com a ação de reintegração de posse tão logo ocorra o registro da consolidação da propriedade em seu nome, não sendo necessário aguardar a eventual arrematação ou adjudicação compulsória, se não houver qualquer lance válido ao término do segundo leilão.

Essa inclusive, é a posição do Colendo Superior Tribunal de Justiça expressada quando do julgamento do Recurso Especial nº 1.155.716-DF. Na oportunidade, a Ministra Relatora Nancy Andrighi realizou uma análise sistemática da Lei n. 9.514, de 1997, que estabelece que o direito à reintegração de posse nasce com a consolidação da propriedade em nome do credor fiduciário, que por sua vez ocorre quando o devedor fiduciante deixa de purgar a mora no prazo legal.[199]

---

que o autor pretende demonstrar a verdade dos fatos alegados; VII — a opção do autor pela realização ou não de audiência de conciliação ou de mediação".

[198] É o que dispõem os artigos 558 cumulado com o 562 do Código de Processo Civil de 2015.

[199] "SFI — Sistema Financeiro Imobiliário. Lei 9.514/97. Alienação fiduciária de bem imóvel. Inadimplemento do fiduciante. Consolidação do imóvel na propriedade do fiduciário. Leilão extrajudicial. Suspensão. Irregularidade na intimação. Pretensão, do credor, a obter

Comentando referida decisão, João Carlos Aerosa afirma que

> [...] *os principais argumentos para se concluir pelo acerto da decisão são: a possível valorização do preço do imóvel e uma maior atratividade na aquisição do mesmo por meio dos leilões públicos. (...) a posição do Superior Tribunal de Justiça se mostra irretocável. Isso porque é curial o fato de que a alienação de um imóvel sempre se mostrará mais interessante e economicamente rentável se o bem da vida não estiver ocupado. (...)*
>
> *Note-se que tal interpretação pode vir a ser benéfica até mesmo para o devedor-fiduciante, na medida em que, se o valor do bem imóvel vier superar a dívida, como sói acontecer ante o aumento do seu com a desocupação, o credor-fiduciário deverá, nos termos do artigo 27, §4º, da LAFI, entregar a importância que sobejar.*[200]

Portanto, a propositura da ação de reintegração de posse pode ser proposta tão logo averbada a consolidação da propriedade em nome do credor fiduciário, haja vista que, desde então, configurado estará o esbulho por parte do devedor fiduciante.

a reintegração da posse do imóvel anteriormente ao leilão disciplinado pelo art. 27 da Lei 9.514/97. Possibilidade. Interpretação sistemática da lei. 1. Os dispositivos da Lei 9.514/97, notadamente seus arts. 26, 27, 30 e 37-A, comportam dupla interpretação: é possível dizer, por um lado, que o direito do credor fiduciário à reintegração da posse do imóvel alienado decorre automaticamente da consolidação de sua propriedade sobre o bem nas hipóteses de inadimplemento; ou é possível afirmar que referido direito possessório somente nasce a partir da realização dos leilões a que se refere o art. 27 da Lei 9.514/97. 2. A interpretação sistemática de uma Lei exige que se busque, não apenas em sua arquitetura interna, mas no sentido jurídico dos institutos que regula, o modelo adequado para sua aplicação. Se a posse do imóvel, pelo devedor fiduciário, é derivada de um contrato firmado com o credor fiduciário, a resolução do contrato no qual ela encontra fundamento torna-a ilegítima, sendo possível qualificar como esbulho sua permanência no imóvel. 3. A consolidação da propriedade do bem no nome do credor fiduciante confere-lhe o direito à posse do imóvel. Negá-lo implicaria autorizar que o devedor fiduciário permaneça em bem que não lhe pertence, sem pagamento de contraprestação, na medida em que a Lei 9.514/97 estabelece, em seu art. 37-A, o pagamento de taxa de ocupação apenas depois da realização dos leilões extrajudiciais. Se os leilões são suspensos, como ocorreu na hipótese dos autos, a lacuna legislativa não pode implicar a imposição, ao credor fiduciante, de um prejuízo a que não deu causa. 4. Recurso especial não provido". (STJ — Terceira Turma — REsp 1.155.716/DF — Rel. Ministra NANCY ANDRIGHI, j: 13/03/2012, DJe 22/03/2012)

[200] AREOSA, JOÃO CARLOS. Questões atuais e controvertidas acerca da alienação fiduciária de imóvel: a busca pela segurança jurídica e recuperação dos investimentos das entidades fechadas de previdência complementar. Revista de previdência, n. 11, p. 119-155, nov. 2012.

A esse respeito, Marcelo Terra conclui a questão de forma muito elucidativa: "*a ação de reintegração de posse pode anteceder, até mesmo, a realização do leilão, bastando que se observe o único requisito legal (=pressuposto processual), que é a consolidação da plena propriedade na pessoa do credor (fiduciário)*".[201] Todavia, importante consignar, que após a realização do leilão público extrajudicial e havendo arrematante, este é quem possuirá a legitimidade ativa para a ação de reintegração de posse. À vista disso, se o credor fiduciário já tiver proposto a ação, ocorrerá a substituição processual.

Retomando ao procedimento da ação de reintegração de posse, nos termos do artigo 564 do Código de Processo Civil, o autor (credor fiduciário ou arrematante) deverá promover a citação do réu (devedor fiduciante ou ocupante) para que apresente contestação no prazo legal de 15 (quinze) dias. Em sendo casado o réu será preciso ainda citar seu cônjuge — exceto se sob o regime de separação absoluta de bens —, tal como disciplinado no artigo 73 do Código de Processo Civil.[202]

4.1.2. *Ação de despejo na alienação fiduciária de bem imóvel*

Questão que está intimamente ligada ao assunto tratado no subitem anterior e que gera controvérsia entre doutrinadores e jurisprudência, diz respeito à qual ação cabível quando o imóvel alienado fiduciariamente estava previamente locado ou o foi ulteriormente ao registro da garantia.

Como já explicitado, com o registro do contrato de alienação fiduciária em garantia na matrícula do imóvel, há o desdobramento da posse

---

[201] TERRA, MARCELO. Op. cit. p. 51.
[202] "Art. 73. O cônjuge necessitará do consentimento do outro para propor ação que verse sobre direito real imobiliário, salvo quando casados sob o regime de separação absoluta de bens.
§ 1º Ambos os cônjuges serão necessariamente citados para a ação:
I — que verse sobre direito real imobiliário, salvo quando casados sob o regime de separação absoluta de bens;
II — resultante de fato que diga respeito a ambos os cônjuges ou de ato praticado por eles;
III — fundada em dívida contraída por um dos cônjuges a bem da família;
IV — que tenha por objeto o reconhecimento, a constituição ou a extinção de ônus sobre imóvel de um ou de ambos os cônjuges.
§ 2º Nas ações possessórias, a participação do cônjuge do autor ou do réu somente é indispensável nas hipóteses de composse ou de ato por ambos praticado.
§ 3º Aplica-se o disposto neste artigo à união estável comprovada nos autos".

entre o credor fiduciário e o devedor fiduciante, ficando este último com a posse direta, de modo que pode livremente usar e gozar do bem, como expressamente autorizado pelo artigo 24, inciso V da Lei n. 9.514, de 1997.

Em decorrência desses direitos, é consenso que o devedor fiduciante poderá locar o imóvel. Sem prejuízo, ainda é possível que este tenha celebrado o contrato de locação antes mesmo da constituição da propriedade fiduciária. São situações distintas e que podem vir a merecer tratamento diferenciado.

A mencionada divergência doutrinária e jurisprudencial decorre da análise do disciplinado no artigo 5º da Lei n. 8.245, de 1991 (Lei das Locações) e no supramencionado artigo 30 da Lei n. 9.514, de 1997. Enquanto aquele estabelece que *"seja qual for o fundamento do término da locação, a ação do locador para reaver o imóvel é a de despejo"*, este último dispositivo disciplina que é cabível a ação de reintegração de posse para reaver a posse do imóvel outrora alienado fiduciariamente.

Melhim Namem Chalhub afirma ser cabível a ação de despejo, tanto com base no referido artigo 5º da Lei n° 8.245, de 1991 (Lei das Locações), quanto por entender que *"posse do locatário não pode ser qualificada como ilegítima ou espúria"*.[203] E ainda mantém referido entendimento mesmo nos casos em que o contrato tenha sido denunciado.

Isso porque, o artigo 27, § 7º da Lei n. 9.514, de 1997 dispõe que estando o imóvel locado, o credor fiduciário terá o prazo de 90 (noventa) dias após a consolidação da propriedade em seu nome — leia-se, após vencido o prazo para o devedor fiduciante inadimplente purgar a mora e ter sido, consequentemente, averbada a consolidação na matrícula do imóvel — para denunciar o contrato de locação, concedendo ao locatário o prazo de 30 (trinta) dias para desocupar o imóvel.[204]

---

[203] CHALHUB, MELHIM NAMEM. Op. cit. 313.
[204] "Art. 27. (...) § 7º Se o imóvel estiver locado, a locação poderá ser denunciada com o prazo de trinta dias para desocupação, salvo se tiver havido aquiescência por escrito do fiduciário, devendo a denúncia ser realizada no prazo de noventa dias a contar da data da consolidação da propriedade no fiduciário, devendo essa condição constar expressamente em cláusula contratual específica, destacando-se das demais por sua apresentação gráfica".

Corroborando o entendimento de Melhim Nanem Chalhub, do qual também conta com o Nelson Kojranski[205], o Egrégio Tribunal de Justiça do Estado de São Paulo proferiu o acórdão assim ementado:

> *Alienação fiduciária. Reintegração de posse, fundada nas disposições da Lei 9.514/97 Indeferimento da petição inicial com base na inadequação da via eleita. Estaria correta a propositura da ação se dirigida à devedora fiduciária, mas ela foi proposta contra locatária. Relação de locação que só autoriza a rescisão contratual através da ação de despejo Inteligência dos art. 5º e 8º da Lei do Inquilinato Sentença mantida — Recurso improvido.*[206]

Todavia, pensando de forma distinta, Marcelo Terra defende que a ação cabível é a ação de reintegração de posse, em atenção ao artigo 30 da Lei n. 9.514, de 1997, e afirma ainda que, o ocupante continuará *"devendo a contra-partida econômica enquanto utilizar o imóvel, pois não se justificaria seu enriquecimento sem causa"*.[207] Não obstante a inexistência de previsão legal à época da publicação de sua obra, o autor já argumentava ser devida a cobrança de uma "taxa de ocupação", a qual atualmente está regulamentada no artigo 37-A, a qual foi inserida na Lei n. 9.514, de 1997 por meio da Lei n. 13.465, de 2017.

No mesmo sentido desse posicionamento, o Egrégio Tribunal de Justiça do Estado de São Paulo também já proferiu acórdão decidindo como correta a propositura de ação de reintegração de posse contra o locatário:

> *Reintegração de posse. Imóvel urbano. Autora locatária do imóvel gravado com alienação fiduciária pelo proprietário, seu ex-sogro. Propriedade do imóvel consolidada ao credor fiduciário em procedimento extrajudicial da Lei n. 9.514/97. Credor fiduciário que detinha a posse indireta e tem direito à posse direta com a consolidação da propriedade. Esbulho não caracterizado. Posse justa, sem os vícios da violência, clandestinidade ou precariedade.*

---

[205] "Em suma, a ação própria contra o fiduciante-devedor haverá de ser a de 'imissão de posse' e contra o inquilino, sempre e sempre, a 'ação de despejo'". (KOJRANSKI, NELSON. Repercussões da alienação fiduciária de imóvel na locação, Revista do Instituto dos Advogados de São Paulo, n. 2. 1998. p. 8).

[206] TJSP — 22ª Câmara de Direito Privado — Apelação 104145-48.2018.8.26.0100 — Relator Des. MARCELO MENDES DE OLIVEIRA. J: 31/7/2018; DJe: 31/7/2018.

[207] TERRA, MARCELO. Op. cit. p. 79.

Decisão escorreita de primeiro grau, ao indeferir à autora reintegração na posse. Questões sobre notificações e intimações do procedimento extrajudicial da Lei n. 9.514/97 suscetíveis de arguição pelo ex-sogro, devedor fiduciante (art. 18 do novo CPC). Denúncia da locação prevista no art. 27, § 7º, da Lei n. 9.514/97, com a redação da Lei n. 10.931/04. Notificação entregue à autora que, sem ser ameaça à posse, é o exercício regular de um direito. Acesso a móveis, eletrodomésticos, roupas etc., que pode ser mediante mandado de entrega cumprido por oficial de justiça. Recurso desprovido, com recomendação.[208]

De forma a se posicionar com relação a qual a ação cabível, entende-se que, mais uma vez, se faz necessária a análise sistemática da Lei n. 9.514, de 1997.

Como mencionado acima, reza o artigo 27, § 7º que o credor fiduciário poderá nos 90 (noventa) dias subsequentes à consolidação da propriedade em seu nome denunciar a locação para que o imóvel seja desocupado em 30 (trinta) dias. Entretanto, a denúncia do contrato somente ocorrerá se o credor fiduciário não tiver aquiescido por escrito com o contrato de locação.[209]

Isso porque, o artigo 37-B é extremamente claro que "*será considerada ineficaz, e sem qualquer efeito perante o fiduciário ou seus sucessores, a contratação ou a prorrogação de locação de imóvel alienado fiduciariamente por prazo superior a um ano sem concordância por escrito do fiduciário*". Note que o legislador abarcou as duas situações acima mencionadas, isto é, os contratos de locação celebrados antes e os celebrados depois da averbação da propriedade fiduciária.

Nesse ponto, cabe um adendo. Conforme Afranio Carlos Camargo Dantzger pondera, se o contrato de locação tiver sido celebrado antes da constituição da alienação fiduciária e estiver devidamente na matrícula do imóvel (conforme artigo 33, parágrafo único da Lei n. 8.245, de 1991 cumulado com o nº 3 do inciso I do artigo 167 da Lei n. 6.015, de 1973),

---

[208] TJSP — 12ª Câmara de Direito Privado — Agravo de Instrumento 2063793-15.2019.8.26.0000 — Relator Des. Cerqueira Leite; J: 24/07/2019; Data de Registro: 24/07/2019.
[209] "Art. 27. (...) § 7o Se o imóvel estiver locado, a locação poderá ser denunciada com o prazo de trinta dias para desocupação, salvo se tiver havido aquiescência por escrito do fiduciário, devendo a denúncia ser realizada no prazo de noventa dias a contar da data da consolidação da propriedade no fiduciário, devendo essa condição constar expressamente em cláusula contratual específica, destacando-se das demais por sua apresentação gráfica".

"ao aceitar a constituição da garantia (...) estará anuindo à locação e, portanto, deverá respeitá-la até o vencimento do prazo determinado no respectivo contrato de locação".[210]

É possível concluir, deste modo, que, da conjunção do que preconizam os artigos 27, § 7º e 37-B, o credor fiduciário terá que concordar com a celebração do contrato de locação para que o instrumento tenha validade, bem como para que esteja impedido de denunciar o contrato.

Não havendo referida aquiescência, os dispositivos referentes à locação não têm validade perante o credor fiduciário e seus sucessores, assim como não há que se falar em transmissão de direitos ou de sub-rogação do locador devedor fiduciante para o credor fiduciário. Somente no caso de o credor fiduciário ter concordado com a celebração do contrato de locação é que se poderia cogitar a aplicação do artigo 5º da Lei n. 8.245, de 1991, quando então, aí sim, seria cabível a ação de despejo.

Nesse sentido, inclusive, é o que decidiu o Egrégio Tribunal de Justiça do Estado do Rio Grande do Sul:

> *Agravo de instrumento. Reintegração de posse. Bem imóvel alienação fiduciária. Contrato de locação do devedor fiduciário com terceiro. Desconhecimento do credor fiduciário. Ineficácia do contrato com relação a este. Imissão na posse. Preenchimento dos requisitos. Imóvel objeto de contrato com cláusula acessória de alienação fiduciária, cuja inadimplência gerou a consolidação da propriedade em nome da ora agravante, esta que ajuíza a presente ação de reintegração de posse contra a atual possuidora fática do bem, que mantém relação de locação com a devedora fiduciária. — Credora fiduciária, agravante, que não anuiu com o contrato de locação de modo que não há que se falar em transmissão de direitos ou sub-rogação. — Considerando se tratar de alienação fiduciária com imóvel locado a terceiro, deve-se aplicar as disposições da legislação específica, Lei nº 9.514/97. — Inocorrência de prova a respeito da denunciação visando a desocupação do bem, no entanto, verifica-se que já preenchido tal requisito legal diante da própria citação pessoal da ré na demanda. Agravo de instrumento provido.*[211]

---

[210] Dantzger, Afranio Carlos Camargo. Op. cit. p. 161.
[211] TJRS — Décima Sétima Câmara Cível — Agravo de Instrumento, Nº 70076578855 — Relator: Des. Gelson Rolim Stocker, J: 26/4/2018.

Indo além — e até em contrapartida ao argumento utilizado por Melhim Namem Chalhub de que o locatário não possuiria posse ilegítima ou espúria —, pondera-se que, tendo o credor fiduciário procedido com a denúncia da locação nos termos do artigo 27, § 7º da Lei n. 9.514, de 1997 e tendo o locatário permanecido ocupando o imóvel, não há como, com o devido respeito ao mencionado autor, sustentar a legitimidade da posse exercida pelo locatário. Deixando de ser lídima a posse, configurado está o esbulho que dá ensejo à ação de reintegração de posse.

Diante do que fora acima explicitado, conclui-se que, em aplicado aos exatos ditames da Lei n. 9.514, de 1997, a ação cabível quando o imóvel alienado fiduciário estiver locado e houver a consolidação da propriedade em nome do credor fiduciário será a de reintegração de posse, conforme previsto no artigo 30. Eventualmente, na hipótese em que o credor fiduciário tiver aquiescido por escrito com o contrato de locação, poderia se cogitar a possibilidade da propositura da ação de despejo.

4.1.3. *Ações de obrigação de fazer do devedor fiduciante em face do credor fiduciário*

No Capítulo 4 deste trabalho, mais precisamente nos itens 4.4. e 4.5, tratou-se dos deveres e direitos das partes no contrato de alienação fiduciária em garantia de bem imóvel, bem como da resolução do contrato. Na oportunidade, foram suscitadas questões controvertidas relacionadas à recusa do credor fiduciário de promover alguns atos, em que pese estar legalmente obrigado a tanto.

Visando a elucidar, serão tratadas neste item as ilegítimas recusas do credor fiduciário, quais sejam, (i) fornecer o termo de quitação da liquidação da dívida, (ii) promover o leilão extrajudicial após consolidada a propriedade em seu nome, (iii) fornecer o termo de quitação após a arrematação ou adjudicação do bem após o leilão extrajudicial e, (iv) por fim, entregar o saldo que sobejar a dívida quando da alienação do imóvel.

Asseverou-se, anteriormente, que o principal direito do devedor fiduciante era o de exigir do credor fiduciário o cancelamento do registro da propriedade fiduciária na matrícula do imóvel constituída pelo contrato de alienação fiduciária em garantia, o que ocorreria, única e exclusivamente, quando, o devedor fiduciante cumprisse integralmente todas as obrigações assumidas no contrato. Tal previsão consta expressamente no artigo 25 e respectivo parágrafo segundo da Lei n. 9.514, de 1997.

Entretanto, para que seja procedido o cancelamento do registro da alienação fiduciária, necessário se faz o termo de quitação da dívida garantida pelo imóvel, que deverá ser fornecido, obviamente pelo credor fiduciário, como dispõe o parágrafo primeiro de mencionado dispositivo: *"no prazo de trinta dias, a contar da data de liquidação da dívida, o fiduciário fornecerá o respectivo termo de quitação ao fiduciante"*. Tal disposição se coaduna com o quanto estabelecido no artigo 164 da Lei n. 6.015, de 1973 (Lei de Registros Públicos): *"o cancelamento poderá ser feito em vitude de sentença ou de documento autêntico de quitação ou de exoneração do título registrado"*.

O questionamento surge quando o credor fiduciário deixa — ou expressamente se recusa — de fornecer o termo de quitação mencionado no artigo 25, § 1º. Muito embora a parte final deste artigo preveja a aplicação de multa moratória *"de a meio por cento ao mês, ou fração, sobre o valor do contrato"*, é certo que tal penalidade não satisfaz a vontade do devedor fiduciante de se, finalmente, tornar (ou voltar a ser) proprietário pleno do imóvel outrora dado em garantia à alienação fiduciária.

E justamente nesta situação que o artigo 164 da Lei n. 6.015, de 1973 tem aplicação, já que o cancelamento do registro, na ausência de documento autêntico de quitação, somente poderá ser realizado por meio de decisão judicial assim determinando.

Na hipótese de o credor fiduciário não fornecer o termo de quitação no prazo de 30 (trinta) dias a contar da quitação da dívida, o devedor-fiduciante tem o direito de ajuizar ação pleiteando o cumprimento da obrigação de fazer, consistente justamente na entrega de referido termo. Referida ação estará pautada no artigo 497 do Código de Processo Civil, que determina que na *"ação que tenha por objeto a prestação de fazer ou de não fazer, o juiz, se procedente o pedido, concederá a tutela específica ou determinará providências que assegurem a obtenção de tutela pelo resultado prático equivalente"*.

Em referida ação de obrigação de fazer, até por lhe ser peculiar, o devedor fiduciante tem a faculdade de requerer a fixação pelo juiz de multa comutativa por dia que o devedor se recusar a cumprir a obrigação de fornecer o termo de quitação, conforme autorizado pelo artigo 536, § 1º do diploma legal supramencionado.[212]

---

[212] "Art. 536. No cumprimento de sentença que reconheça a exigibilidade de obrigação de fazer ou de não fazer, o juiz poderá, de ofício ou a requerimento, para a efetivação da tutela

Alternativamente, com base no artigo 501 do Código de Processo Civil, poderá ainda o devedor fiduciante pleitear que o juízo substitua a declaração do credor fiduciário para reconhecer o integral adimplemento da obrigação de pagamento pelo devedor fiduciante, trazendo como consequência o cancelamento do registro da propriedade fiduciária da matrícula do imóvel.

Em ambos os casos o devedor fiduciante poder cumular o pedido de condenação do credor fiduciário ao pagamento da multa moratória prevista no artigo 25, § 1º da Lei n. 9.514, de 1997.

É possível ainda que o devedor fiduciante ingresse com a execução de obrigação de fazer, pautado nos artigos 814 e seguintes do Código de Processo Civil. Isso porque o próprio contrato de alienação fiduciária, seja ele firmado por escritura pública, seja por meio de instrumento particular subscrito por duas testemunhas, será considerado título executivo extrajudicial, nos termos do artigo 784, incisos I e II do Código de Processo Civil.[213]

Sobre isso, pondera, no entanto, Henrique Avila, que *"pode não ser a execução da obrigação de fazer totalmente eficiente, uma vez que o executado pode, ainda que fixada grave multa pelo descumprimento da ordem, recusar-se a cumpri-la, o que demandará o ajuizamento de nova ação de conhecimento, onde se postulará, agora, uma sentença judicial, impossível na ação de execução, que substitua a declaração da parte."*[214]

Outra atitude ilegítima do credor fiduciário seria a recusa em promover o leilão público extrajudicial nos 30 (trinta) dias sequentes a consolidação da propriedade do imóvel em seu nome, conforme lhe determinado ao artigo 27 da Lei n. 9.514, de 1997.

---

específica ou a obtenção de tutela pelo resultado prático equivalente, determinar as medidas necessárias à satisfação do exequente.

§ 1º Para atender ao disposto no caput, o juiz poderá determinar, entre outras medidas, a imposição de multa, a busca e apreensão, a remoção de pessoas e coisas, o desfazimento de obras e o impedimento de atividade nociva, podendo, caso necessário, requisitar o auxílio de força policial".

[213] "Art. 784. São títulos executivos extrajudiciais: (...) II — a escritura pública ou outro documento público assinado pelo devedor; III — o documento particular assinado pelo devedor e por 2 (duas) testemunhas";

[214] Avila, Henrique. Aspectos processuais da alienação fiduciária. Dissertação (Mestrado em Direito). Faculdade de Direito da Pontifícia Universidade Católica de São Paulo, São Paulo, 2013. p. 67.

Como comentado, o legislador foi omisso em fixar qualquer penalidade ao credor fiduciário que deixar de realizar o leilão público extrajudicial. Na oportunidade ainda, colacionou a posição de José Eduardo Loureiro de que o credor fiduciário, instituição financeira, deveria ser punido na esfera dos procedimentos do Banco Central.[215]

A solução sugerida seria a previsão contratual para a aplicação subsidiária da multa moratória prevista no artigo 25, § 1º da Lei n. 9.514, de 1997, de modo que o credor fiduciário fosse obrigado a pagar a multa em favor do devedor fiduciante equivalente a 0.5% (meio por cento) ao mês, ou fração, sobre o valor do contrato.

Não obstante isso, o legislador previu apenas duas circunstâncias em que a realização do leilão poderá ser dispensada: a *primeira* delas é por meio da purgação da mora pelo devedor fiduciante; e a *segunda* é na hipótese de o devedor fiduciante dar em pagamento o imóvel alienado fiduciariamente.

Entretanto, é de se avaliar que a realização do leilão extrajudicial é um ônus para o credor fiduciário, ou seja, é um *"imperativo do próprio interesse"*[216] do credor em realizar o leilão para que o produto da alienação do bem satisfaça integralmente seu crédito. Ele é o maior interessado não só em realizar o leilão, mas como que ele seja exitoso.

Com isso, vislumbra-se que o devedor fiduciante não teria interesse processual para ingressar com ação de obrigação de fazer consistente em determinar que o credor fiduciário promova o leilão judicial, salvo se comprovasse que referida inércia vem lhe causando danos, oportunidade em que poderia pleitear indenização para ser ressarcido desses prejuízos.

Outra situação que merece ponderação é aquela prevista no artigo 27, § 6º da Lei n. 9.514, de 1997,[217] em que o credor fiduciário deverá fornecer o termo de quitação após a arrematação ou adjudicação compulsória do bem depois do leilão extrajudicial.

---

[215] LOUREIRO, JOSÉ EDUARDO. Op. cit. p. 92.
[216] DINAMARCO, CÂNDIDO RANGEL. Instituições de Direito Processual Civil. 6ª Ed. São Paulo: Malheiros, 2013, v. III, p. 70.
[217] "Art. 27. (...) § 6º Na hipótese de que trata o parágrafo anterior, o credor, no prazo de cinco dias a contar da data do segundo leilão, dará ao devedor quitação da dívida, mediante termo próprio".

A arrematação do imóvel em um dos leilões, considerando os lances mínimos exigidos por lei, implicará na satisfação da dívida, o que geraria para o devedor fiduciante o interesse de receber o respectivo termo de quitação. Considerando que os leilões somente ocorrerão após a consolidação da propriedade em nome do credor fiduciário, que por sua vez só se concretiza após o cancelamento do registro da alienação fiduciária, o termo de quitação para o devedor fiduciante não teria a mesma função daquela fixada no artigo 25, § 2º supramencionado.

Por seu turno, conjecturando a hipótese em que o termo de quitação poderia servir também para eventual retirada do nome do devedor fiduciante dos cadastros de inadimplentes, é admissível o ingresso de ação de obrigação de fazer visando a exatamente obrigar o credor fiduciário a fornecer o termo de quitação da dívida, decorrente da arrematação do imóvel em um dos leilões.

Hipótese distinta é aquela em que o imóvel não é arrematado em quaisquer dos leilões extrajudiciais e o credor fiduciário acaba por compulsoriamente adjudicar o bem. Nesse caso, é possível que o valor do imóvel não seja suficiente para suplantar o valor da dívida, de modo que há questionamentos doutrinários se, em não sendo oferecido lance igual ou superior ao valor global da dívida, essa seria considerada extinta, tal como se extrai da leitura simplista do artigo, 27, §5º.

Como será melhor abordado adiante, entende-se que mencionada exoneração da dívida somente ocorre quando seu valor for inferior ao do imóvel.

Entretanto, analisando sob o prisma de que a adjudicação extingue a dívida, certamente o devedor fiduciante tem interesse em receber o termo de quitação justamente para impedir que o credor fiduciário ulteriormente ingresse com execução visando a receber o saldo remanescente da dívida.

Por fim, imperioso analisar as possibilidades do devedor fiduciante de ingressar com alguma medida judicial quando o credor fiduciário deixar de lhe entregar o saldo que sobejar a dívida quando da alienação do imóvel.

Como visto, no âmbito dos direitos do devedor fiduciante, o artigo 27, § 4º trata do recebimento do montante que sobejar o produto da venda do imóvel alienado em leilão público, quando a propriedade fiduciária já tiver sido consolidada em nome do credor fiduciário em razão do inadimplemento do devedor fiduciante. Indo além, o legislador fixou o prazo de 5 (cinco) dias a contar do recebimento do produto do leilão para que o credor repassasse ao devedor fiduciante o montante excedente.

Diante de nova omissão legislativa, entende-se possível que as partes estabeleçam cláusula contratual para a aplicação de multa moratória ao credor fiduciário, seguindo a mesma lógica daquela prevista no artigo 25, § 1º da Lei n. 9.514, de 1997, a multa equivalente a 0,5% (meio por cento) ao mês, ou fração, sobre o valor do contrato.

Entretanto, tal multa apenas teria um efeito moral coercitivo para que o credor fiduciário efetuasse tempestivamente o repasse da quantia sobejante ao devedor fiduciante, não sendo suficiente para que este efetivamente recebesse qualquer quantia. Para tanto, necessário de fato recorrer ao Poder Judiciário por meio de ação de cobrança.

São essas, portanto, as ações que se entende serem cabíveis em decorrência das ilegítimas recusas do credor fiduciário em promover os atos previstos nos artigos 25, § 1º, e 27, caput, §§ 4º e 6º, da Lei n. 9.514, de 1997.

4.2. Adjudicação do imóvel pelo credor fiduciário e a exoneração da dívida

Como já foi visto nos capítulos antecedentes, a partir do momento que o devedor fiduciante se torna inadimplente das obrigações assumidas, surge para o credor fiduciário a possibilidade de iniciar os procedimentos especificados em lei, para que, ao final e eventualmente, a propriedade do bem imóvel alienado fiduciariamente em garantia seja consolidada em seu nome.

Assim, recapitulando sumariamente, com o inadimplemento da obrigação de pagar as parcelas da dívida, o credor fiduciário deverá proceder com a intimação do devedor fiduciante para que este no prazo legal purgue a mora. A notificação deverá ser enviada e efetivada pelo competente oficial do Registro de Imóveis, sendo exigível que o devedor fiduciante a receba pessoalmente, excetuadas as hipóteses em que se encontrar em lugar ignorado, incerto ou inacessível e for configurada sua ocultação.[218]

---

[218] Nessas circunstâncias, a intimação do devedor para purgação da mora ocorrerá, respectivamente, por meio de edital (ver artigo 26, §4º da Lei nº 9.514, de 1997) e por procedimento

Não sendo purgada a mora no prazo legal e tendo o credor fiduciário efetuado o pagamento do imposto de transmissão imobiliária *inter vivos* ou do laudêmio (quando cabível), o competente Oficial do Registro de Imóveis averbará junto à matrícula do imóvel dado em garantia a consolidação da propriedade no patrimônio do credor fiduciário.

Seguindo nos procedimentos estabelecidos pela Lei nº 9.514, de 1997, com a consolidação da propriedade do imóvel em seu nome, o credor fiduciário nos 30 (trinta) dias subsequentes deverá realizar a alienação do bem por meio de leilões públicos extrajudiciais (conforme disposto no artigo 27). Não obstante a inexistência de exigência legal, entende-se que o credor fiduciário deverá promover a publicação de editais visando a dar publicidade aos leilões e alcançar um maior número de interessados em adquirir o imóvel outrora dado em garantia.

Nesse contexto, o legislador estabelece que no primeiro leilão, o bem somente será arrematado se o lance ofertado foi igual ou superior ao valor do imóvel, assim entendido como sendo o maior valor entre o de avaliação fixado no contrato (vide artigo 24, inciso VI) e o valor utilizado pela Municipalidade como base de cálculo para a apuração do imposto sobre transmissão imobiliária *inter vivos* (ITBI).

Não sendo exitoso o primeiro leilão, ou seja, não sendo ofertado qualquer lance que iguale ou supere o valor do imóvel, o credor fiduciário nos 15 (quinze) dias seguintes deverá promover um segundo leilão. Todavia, neste, o lance mínimo a ser considerado como válido será apenas aquele que igualar ou superar o valor da dívida do financiamento, acrescido de todos os encargos contratuais, custas e despesas efetuadas pelo credor fiduciário até aquele momento.[219]

Se no segundo leilão não for ofertado lance que igualar, muito menos superar o valor global da dívida, como consequência do que dispõe o

---

semelhante à hora certa (ver artigo 26, §3-A da Lei nº 9.514, de 1997 e artigos 252, 253 e 254 do Código de Processo Civil).

[219] Como outrora asseverado, nos termos do artigo 27, §3º da Lei n. 9.514, de 1997, considera-se dívida o saldo devedor da operação de alienação fiduciária, na data do leilão, nele incluídos os juros convencionais, as penalidades e os demais encargos, enquanto se entende por despesas a soma das importâncias correspondentes aos encargos e custas de intimação e as necessárias à realização do leilão, nestas compreendidas as relativas aos anúncios e à comissão do leiloeiro.

§ 5º do artigo 27 da Lei n. 9.514, de 1997,[220] estará efetivamente consolidada a propriedade plena do imóvel em nome do credor fiduciário, que poderá fazer com ele o que for melhor aos seus interesses. A esse respeito, preciosa é a lição de Araken de Assis, para quem se trataria de uma adjudicação compulsória.[221]

Da leitura ainda do § 5º do artigo 27, se extrai que, com a consolidação da propriedade plena do imóvel em nome do credor fiduciário, este estará exonerado da obrigação de entregar ao devedor a importância que sobejar a dívida global, que por sua vez será considerada extinta.

É justamente esse o ponto controvertido e que, por assim o ser, merece uma análise mais detalhada.

Em razão da expressão *"considerar-se-á extinta a dívida"* que parte dos doutrinadores e da jurisprudência do Colendo Superior Tribunal de Justiça vêm considerando que com a adjudicação do imóvel em nome do credor fiduciário, nada mais é devido pelo devedor fiduciante.

Sobre essa questão, destaca-se o entendimento de Paulo Restiffe Neto e Paulo Sérgio Restiffe:

> [...] *Neste ponto surge o notável fenômeno já referido da extinção da dívida, seja por sobejamento ou empate de resultado financeiro dos leilões exitosos (art. 27, § 4º, como modos ordinários, sejam também até por inexistência ou insuficiência de lance no segundo leilão, que iguale ou supere o valor da dívida (§ 5º do mesmo art. 27) como modo extraordinário (de extinção). A ocorrência da exitosa primeira eventualidade extintiva 'importará em quitação recíproca'; verificada a segunda frustrante eventualidade, 'considerar-se-á extinta a dívida' e quitado o saldo devedor, mas com diversa disciplina.*[222]

---

[220] "Art. 27. (...) § 5º Se, no segundo leilão, o maior lance oferecido não for igual ou superior ao valor referido no § 2º, considerar-se-á extinta a dívida e exonerado o credor da obrigação de que trata o § 4º".

[221] O doutrinador ainda complementa, esclarecendo que "o intuito da adjudicação compulsória reside no equilíbrio visado nesse tipo de execução. Se, de um lado, em tempos de crise, o imóvel vale menos do que a dívida, beneficiando o devedor, que solverá a dívida integralmente, de outra banda, no caso de o valor desta se situar aquém, o credor também ficará impedido de exigir a diferença" (ASSIS, Araken de. Manual do processo de execução. 5. ed. São Paulo: Revista dos Tribunais, 1998. p. 710.)

[222] RESTIFFE NETO, PAULO; RESTIFFE, PAULO SÉRGIO. Op. cit. p. 169.

No mesmo sentido é o ensinamento de Marcelo Terra, que afirma categoricamente que *"não se concretizando a alienação no segundo leilão, ou se o lance vencedor não for igual, nem superior ao valor da dívida, o devedor (fiduciante) estará automaticamente exonerado da obrigação e extinta sua dívida, não podendo o credor (fiduciário) continuar com a cobrança pelo saldo (§5º, art. 27)"*.[223]

O Colendo Superior Tribunal de Justiça também já se manifestou no sentido de ser necessária a *"extinção compulsória da dívida na hipótese de leilão frustrado (cf. art. 27, § 5º, da Lei 9.514/97)"*.[224] No mesmo sentido vem sendo o entendimento do Egrégio Tribunal de Justiça do Estado de São Paulo.[225]

Ocorre que, com o devido respeito que se tem pelos nobres doutrinadores, a interpretação de que a dívida garantida pelo imóvel se extinguirá em toda e qualquer hipótese, mostra-se deveras simplista, desconsiderada a hermenêutica e todo o contexto em que o mencionado § 5º do artigo 27 está inserido na da Lei n. 9.514, de 1997.

Realizando uma apreciação mais aprofundada em que se considera toda a sistemática do mencionado artigo 27, constata-se que a exoneração da dívida não ocorrerá de forma irrestrita e ampla, abarcando toda dívida garantida por imóvel alienado fiduciariamente.

Como visto, a exoneração da dívida do devedor fiduciante somente ocorrerá se, e somente se, o valor da dívida global (aqui incluída as despesas e custas desembolsadas até a realização do segundo leilão) não for superior ao valor do imóvel. Essa é a correta interpretação sistemática da Lei n. 9.514, de 1997.

---

[223] TERRA, Marcelo. Op. cit. p. 47.
[224] STJ — Terceira Turma — REsp 1401233/RS, Rel. Ministro PAULO DE TARSO SANSEVERINO, j. 17/11/2015, DJe 26/11/2015. No mesmo sentido: STJ — Terceira Turma — REsp nº 1.654.112 — SP, Rel. Ministro RICARDO VILLAS BÔAS CUEVA, j. 23/10/2018.
[225] "Ação monitória. cobrança de saldo remanescente decorrente de alienação fiduciária de imóvel, com base na Lei nº 9514/97. Extinção. Resultado correto, já que o instrumento público de contrato firmado pelas partes previu, de forma expressa, a extinção da obrigação em caso de insuficiência dos leilões públicos. Ausência de vício intrínseco. Validade do pacto. Extinção da dívida que é de rigor. Recurso não provido" (TJSP — 38ª Câmara de Direito Privado — Apelação Cível 1107004-80.2017.8.26.0100 — Des. Relator ACHILE ALESINA; j. 30/07/2018; DJe 30/07/2018).
No mesmo sentido: TJSP — 9ª Câmara de Direito Privado — Embargos de Declaração Cível 1002760-61.2016.8.26.0577 — Des. Relator ANGELA LOPES; j. 12/11/2019; DJe: 14/11/2019.

A esse respeito, muito escorreita é a afirmação de Renato Berger:

> *A leitura cuidadosa dos comandos acima transcritos [art. 27, §§ 1º, 2º, 4º, 5º e 6º Lei n. 9.514, de 1997] demonstra que, com relação à extinção e quitação da dívida após o insucesso do segundo leilão (parágrafos 5º e 6º), a regra legal tem como premissa que o valor do imóvel seja superior ao valor da dívida.*
>
> *Em momento algum o art. 27 da Lei 9.514/97 tratou da extinção da dívida quando o calor do imóvel é inferior ao valor da dívida. Isso porque a hipótese de o valor do imóvel ser inferior ao da dívida simplesmente não foi objeto da Lei 9.514/97.*[226]

Como asseverado, no primeiro leilão o lance mínimo aceitável será obrigatoriamente o valor de avaliação do imóvel, ao passo que no segundo, o lance mínimo é o valor global da dívida.

É de ressaltar que o legislador adotou uma postura progressiva na exigência do lance mínimo aceitável, isso tudo porque parte da premissa que o valor da dívida será menor que o valor do imóvel, tanto assim que no artigo 27, § 4º estabeleceu que, em sendo positivo o leilão, o credor fiduciário entregará ao devedor fiduciante a importância que sobejar os valores da dívida, das despesas e dos encargos. Se entendesse que o valor do imóvel não fosse superior ao valor da dívida, não haveria que se prever a obrigação de o credor fiduciário entregar ao devedor fiduciante o valor excedente.

Veja que a lógica adotada pelo legislador — inclusive, em razão da natureza da alienação fiduciária em garantia —, é que o bem imóvel alienado possua, necessariamente, valor de avaliação maior que o montante financiado, ou seja o imóvel valha mais que a dívida.

Em termos práticos das operações de financiamento imobiliário, sendo o imóvel avaliado em, por exemplo, R$ 100.000,00, o credor fiduciário solicitará o pagamento de um sinal e somente efetuará o empréstimo ao devedor fiduciante de quantia inferior ao valor do imóvel. Isto porque, o bem imóvel é que servirá de garantia para que o credor fiduciário receba a quantia emprestada.

Deste modo, ainda dentro do cenário das operações de financiamento imobiliário, somente nas hipóteses em que for prestada outra garantia

---

[226] BERGER, RENATO. *Temas complexos de direito empresarial: resolução de questões concretas.* São Paulo: Quartier Latin. 2019. p.129.

é que o valor financiado pelo devedor fiduciante suplantará o valor do imóvel alienado fiduciariamente.[227]

Verifica-se, também, que a exigência de que sejam realizados dois leilões demonstra a real intenção do legislador de atribuir uma progressividade aos lances — na mesma linha da sistemática do leilão judicial previsto nos artigos 881 e seguintes do Código de Processo Civil —, de modo que no primeiro se exige um valor maior, para, depois, caso frustrada a alienação, exija-se um lance mínimo menor.

Por conta dessa lógica, que no primeiro leilão o valor mínimo a ser considerado é o do imóvel, enquanto no segundo, apenas o da dívida global. Novamente se destacam as palavras de Renato Berger, para quem *"não faria qualquer sentido que o lance mínimo capaz de vencer o segundo leilão tivesse que ser maior do que o primeiro. Por óbvio que um lance menor no segundo leilão (valor da dívida) será suficiente caso não tenha havido um lance maior no primeiro leilão (valor do imóvel)"*.[228]

Ademais, a análise mais detida da parte final do §5º do artigo 27 da Lei n. 9.514, de 1997 apenas reforça o quanto acima asseverado: para que se *"considere extinta a dívida e exonerado o credor da obrigação de que trata o § 4º"*, o dispositivo impõe a condição de não ser ofertado lance maior que o valor da dívida, que somente ocorrerá se não houver lance superior ao valor de avaliação do imóvel.

Some-se a isso o disposto no artigo 1.367 do Código Civil,[229] de que serão aplicados à alienação fiduciária, inclusive de imóveis, no que couber as disposições gerais do penhor, da hipoteca e da anticrese. Disso se extrai que, de acordo com o artigo 1.430 do Código Civil, *"quando, excutido o penhor, ou executada a hipoteca, o produto não bastar para pagamento da dívida e despesas judiciais, continuará o devedor obrigado pessoalmente pelo restante"*. Portanto, novamente se utilizada a análise sistemática, resta claro

---

[227] Nas operações de financiamento com fins à atividade empresarial, é comum se deparar com situações em que o imóvel alienado fiduciariamente é apenas uma das garantias ofertadas pelo devedor fiduciante, de modo que, por consequência, seu valor de avaliação será impreterivelmente inferior ao valor da dívida.

[228] BERGER, RENATO. Op. cit. p. 130.

[229] "Art. 1.367. A propriedade fiduciária em garantia de bens móveis ou imóveis sujeita-se às disposições do Capítulo I do Título X do Livro III da Parte Especial deste Código e, no que for específico, à legislação especial pertinente, não se equiparando, para quaisquer efeitos, à propriedade plena de que trata o art. 1.231".

que o credor fiduciário poderá cobrar o saldo remanescente do devedor fiduciante, após leilão do imóvel restar infrutífero.

Mais especificadamente, o próprio artigo 39, inciso II, da Lei n. 9.514, de 1997 prevê a aplicação das disposições dos artigos 29 a 41 do Decreto-lei n. 70, de 1966. E ao se verificar o quanto estabelecido no artigo 32, § 2º,[230] contata-se que o credor fiduciário está autorizado a cobrar o valor remanescente de seu crédito pela via executiva, se após o valor do imóvel não for superior ao valor da dívida.[231]

Ainda de forma complementar, mister recordar a classificação do contrato de alienação fiduciária em garantia, que em regra é acessório ao contrato principal de mútuo/financiamento. Dessa maneira, lhe serão aplicadas as normas que regem o contrato principal, particularmente, o artigo 586 do Código Civil, que em sua parte final estabelece *"mutuário é obrigado a restituir ao mutuante o que dele recebeu em coisa do mesmo gênero, qualidade e quantidade"*.

Sobre essa particularidade, destacam-se os ensinamentos de Renan Buhnemann Martins e João Paulo Micheletto Rossi:

> [...] *é pertinente que haja a aplicação das regras do contrato de mútuo aos empréstimos garantidos por alienação fiduciária, ou seja, se o produto do leilão do imóvel dado em garantia não for suficiente para a recomposição do patrimônio do mutuante, o mutuário continuará responsável pelo pagamento do valor remanescente ou poderá configurar-se em enriquecimento sem causa.*[232]

---

[230] "Art. 32. (...) § 2º Se o maior lance do segundo público leilão fôr inferior àquela soma, serão pagas inicialmente as despesas componentes da mesma soma, e a diferença entregue ao credor, que poderá cobrar do devedor, por via executiva, o valor remanescente de seu crédito, sem nenhum direito de retenção ou indenização sôbre o imóvel alienado".

[231] Reforçando esse entendimento: "em regra, nos processos de execução, o devedor continua respondendo pela dívida remanescente caso o produto da alienação dos bens excutidos não seja suficiente para a integral satisfação do crédito, prosseguindo o processo de execução com a penhora de outros bens do devedor.43 É o que sucede, também, nas execuções de crédito garantido por alienação fiduciária de bens móveis, nos termos do § 5° do art. 66 da Lei n 4.728/65, com a redação dada pelo Decreto-lei nº 911/69" (CHALHUB, MELHIM NAMEM. Alienação Fiduciária e Direito do Consumidor. São Paulo. ABECIP-20.11.1997. Disponível em: https://www.abecip.org.br/admin/assets/uploads/anexos/alienacao-fiduciaria-e-direitos-do-consumidor9.pdf, acessado em 2/2/2019.

[232] MARTINS, Renan Buhnemann; ROSSI, João Paulo Micheletto. A alienação fiduciária de imóvel em garantia de operações financeiras — os riscos à luz do artigo 27, § 5º, da lei 9.514/97. Migalhas de peso. disponível em https://www.migalhas.com.br/dePeso/16,MI2588

Não obstante isso, merece destaque o apontamento de Melhim Namem Chalhub de que *"em atenção ao grande alcance social desses financiamentos, a lei exonerou o fiduciante da obrigação de pagar o saldo devedor que remanescesse, caso o imóvel fosse levado a leilão e não se alcançasse valor suficiente para resgate da dívida"*. Ocorre que, em razão da modificação introduzida pela Lei n. 10.931, de 2004, a irrestrita exoneração da dívida se estendeu também para os empréstimos destinados a atividades empresariais, de modo que, como o próprio autor pondera, *"tal mecanismo de compensação somente se justifica em casos merecedores de proteção especial, nos quais podem estar incluídos os financiamentos com finalidade de aquisição de casa própria"*.[233]

Não se nega o caráter social das operações de financiamento imobiliário da Lei n. 9.514, de 1997, nem, como sopesado por Eduardo Chulam, de que cabe ao credor fiduciário *"mensurar riscos da operação, a serem devidamente precificados via taxa de juros e penalidades, além do percentual do valor do bem a ser financiado e exigência de sinal"*.[234]

Todavia, não se pode permitir que isso gere um enriquecimento ilícito por parte do devedor fiduciante, vedado pelo artigo 884 do Código Civil.[235] Por outro lado, não há que se falar que ocorrerá enriquecimento sem causa na hipótese de se permitir que o credor fiduciário persiga juridicamente o saldo remanescente da dívida quando o valor do imóvel não se mostrar suficiente para quitar a totalidade da dívida.

Isso porque, se, após realizados o primeiro e o segundo leilões, não tiver sido ofertado qualquer lance que sobeje o valor do imóvel ou o valor global da dívida, é de se entender que o mercado avaliou que estes valores não possuem correlação com o real valor do imóvel. Portanto, não pode a adjudicação compulsória realizada pelo credor fiduciário ser suficiente para quitar a integralidade da dívida, quando esta supera o valor do imóvel.

Veja inclusive, que nas demais modalidades de garantia de dívida — como, por exemplo, a penhora —, se a alienação do bem constrito não for suficiente para a liquidação integral do crédito, o credor continuará

67,71043A+alienacao+fiduciaria+de+ imovel+em +garantia+de+operacoes+financeiras acessado em 7/4/2018.

[233] CHALHUB, MELHIM NAMEM. Op. cit. p. 288.

[234] CHULAM, EDUARDO. Op. cit. p. 167-168.

[235] "Art. 884. Aquele que, sem justa causa, se enriquecer à custa de outrem, será obrigado a restituir o indevidamente auferido, feita a atualização dos valores monetários".

regularmente com a cobrança do saldo restante. Nesse sentido, o artigo 876, § 4º, inciso II do Código de Processo Civil dispõe expressamente que se o valor do crédito for superior ao do bem adjudicado, a execução prosseguirá pelo saldo remanescente.

Defendendo essa vertente, Silvio de Salvo Venosa afirma que se restar saldo remanescente da dívida, o credor fiduciário *"poderá valer-se dos meios ordinários de cobrança, levando-se em consideração os princípios do enriquecimento sem causa, utilizando-se dessa ação residual"*.[236]

Em que pese a peculiaridade da situação acima exposta, ou seja, do credor fiduciário poder prosseguir com a cobrança do saldo remanescente quando o valor do imóvel alienado fiduciariamente não superar o valor da dívida, o Egrégio Tribunal de Justiça do Estado de São Paulo já apreciou esta questão.

> *Execução garantida por alienação fiduciária. Imóvel oferecido em garantia fiduciária, cujo valor é inferior ao do crédito perseguido pelo exequente. Considerando que o valor do imóvel ofertado em garantia fiduciária é insuficiente para quitação integral da dívida, a execução, em tese, pode prosseguir visando à satisfação do saldo devedor remanescente.*[237]

Não obstante os entendimentos consignados em sentido contrário, entende-se que deva prevalecer o entendido de que o credor fiduciário pode ingressar com medidas executivas buscando receber o saldo remanescente quando, em que pese ter adjudicado compulsoriamente o imóvel alienado fiduciariamente, seu valor de mercado não sobeje o valor da dívida contraída pelo devedor fiduciante. A par disso, certo é que tanto o credor fiduciário, como o devedor fiduciante poderão recorrer ao Poder Judiciário caso se sintam lesados diante dessa situação.

---

[236] VENOSA, SILVIO DE SALVO. Direito Civil: direitos reais. 13. ed. v.5. São Paulo: Atlas, 2013. p. 420-421.

[237] (TJSP — 24ª Câmara de Direito Privado — Agravo de Instrumento 2059447-31.2013.8.26.0000 — Relator Des. PLINIO NOVAES DE ANDRADE JÚNIOR; j. 27/03/2014; DJe: 09/04/2014).

4.3. Teoria do adimplemento substancial do contrato na alienação fiduciária em garantia de bem imóvel

Na linha do capítulo anterior, em que se refletiu sobre a adjudicação compulsória pelo credor fiduciário quando os leilões públicos extrajudiciais não se mostram exitosos, interessante ainda o estudo sobre a situação em que o devedor adimpliu percentual considerável do contrato principal de empréstimo ou financiamento.

Nos capítulos antecedentes, examinou-se que em sendo inadimplida a obrigação de pagar as parcelas do contrato de financiamento, o devedor fiduciante deverá ser devidamente intimado para a purgar a mora no prazo legal. Decorrido *in albis* este prazo, a propriedade do imóvel se consolidará em nome do credor fiduciário mediante o pagamento dos impostos e encargos incidentes ao ato.

Ato seguinte, o credor fiduciário deverá promover dois leilões públicos extrajudiciais, sendo que, o artigo 27, §§ 1º e 2º da Lei nº 9.514, de 1997, estabelece que no primeiro leilão o valor mínimo do lance deverá ser o valor de avaliação, enquanto no segundo, o lance mínimo é o valor da dívida global.[238]

Em não sendo ofertado qualquer lance que atenda aos valores mínimos estabelecidos na legislação, o credor fiduciário adjudicará compulsoriamente o imóvel alienado fiduciariamente pelo valor da dívida, outorgando ao devedor fiduciante termo de quitação da dívida.

No entanto, é possível que ocorra de o devedor fiduciante ter efetuado o pagamento de grande parte da dívida, vindo a se tornar inadimplente próximo ao seu vencimento final. Nesse cenário e sendo necessária a realização do segundo leilão público, o valor do lance mínimo exigido estará em total desproporcionalidade com o efetivo valor do imóvel. Ou ainda, em um exemplo extremo, também não houve qualquer interessado no segundo leilão e o credor fiduciário adjudicou compulsoriamente, pelo simplório valor da dívida global.

---

[238] Assim compreendida como sendo a soma do saldo devedor da operação de alienação fiduciária, na data do leilão, nele incluídos os juros convencionais, as penalidades e os demais encargos contratuais e, das despesas, dos encargos cartorários, das custas de intimação e as para a realização do leilão público (incluindo as relativas aos anúncios e à comissão do leiloeiro), dos prêmios de seguro, dos encargos legais, inclusive tributos, e das contribuições condominiais.

Em uma apreciação inicial e concisa da questão, até se poderia cogitar que se trata de situação de flagrante desproporcionalidade e prejuízo ao devedor fiduciante, ou ainda, violação ao princípio da boa-fé contratual. Em razão disso, passou-se a considerar a aplicação à alienação fiduciária da teoria do adimplemento substancial.

De forma sumária, e sem qualquer aspiração de esgotamento do tema, pode-se dizer que a teoria do adimplemento substancial do contrato tem origem na *doctrine of substantial performance in contract law*, do *common law* inglês, com o julgamento do caso Boone vs Eyre, de 1779 pelo Lord Mansfield.[239]

Desde então, a teoria foi positivada em alguns ordenamentos do *civil law*, como por exemplo no alemão, português e italiano,[240] estando neste último ordenamento previsto no artigo 1.455 do Código Civil Italiano, que, em tradução livre, estabelece que *"o contrato não pode ser rescindido se a inadimplência de uma das partes for de pouca importância, tendo em vista o interesse da outra"*.[241]

No ordenamento jurídico brasileiro não há qualquer dispositivo que discipline expressamente a teoria do adimplemento substancial, sendo a teoria aplicada, essencialmente, com fundamento no princípio da boa-fé e na função social do contrato, além da interpretação extensiva do artigo 475 do Código Civil.[242;243]

Na jurisprudência, o precedente na aplicação da teoria do adimplemento substancial do contrato é o julgamento do Recurso Especial

---

[239] ARAÚJO, THIAGO CÁSSIO D'ÁVILA. Apontamentos sobre a teoria do adimplemento substancial. Migalhas. Disponível em https://www.migalhas.com.br/dePeso/16,MI252440,91041--Apontamentos+sobre+a+ teoria +do+adimplemento+substancial, acessado em 3/8/2019.

[240] ZAMPINI, REGINA CÉLIA COSTA ALVARENGA. O adimplemento substancial na alienação fiduciária imóvel. Revista de Direito Privado. vol. 78/2017. p. 217-240.

[241] Redação original: "Art. 1455 Importanza dell'inadempimento. Il contratto non si può risolvere se l'inadempimento di una delle parti ha scarsa importanza, avuto riguardo all'interesse dell'altra (1522 e seguenti, 1564 e seguente, 1668, 1901)", disponível em http://www.jus.unitn.it/cardozo/Obter _Dictum/home.html.

[242] "Art. 475. A parte lesada pelo inadimplemento pode pedir a resolução do contrato, se não preferir exigir-lhe o cumprimento, cabendo, em qualquer dos casos, indenização por perdas e danos".

[243] A esse respeito, na IV Jornada de Direito Civil aprovou-se o enunciado n. 361, cuja redação é "O adimplemento substancial decorre dos princípios gerais contratuais, de modo a fazer preponderar a função social do contrato e o princípio da boa-fé objetiva, balizando a aplicação do art. 475".

n. 76.362-MT, de relatoria do Ministro Ruy Rosado de Aguiar.[244] Em seu voto considerou que, diante do valor do negócio, a falta de pagamento da prestação do seguro não autorizava ao segurado resolver o contrato, já que houve por parte da segurada o cumprimento substancial do contrato.

Assim, necessário, então, ponderar sobre o cabimento da aplicação da teoria do adimplemento substancial aos contratos de alienação fiduciária em garantia de bem imóvel. Ou, em outras palavras, se seria procedente a pretensão do devedor fiduciante de aplicar referida teoria para, com isso, impedir que o credor fiduciário se consolide como proprietário pleno do imóvel.

No que concerne a alienação fiduciária de bem móvel — cujo regramento é distinto do aplicável ao bem imóvel —, o Superior Tribunal de Justiça manteve o entendimento judicial do juízo de piso que negou o pedido liminar de busca e apreensão do bem alienado, uma vez constatada a insignificância do inadimplemento.[245]

Entretanto, em sentido contrário é a posição adotada no julgamento do Recurso Especial n° 1.622.555-MG afetado pela Quarta Turma a esta Segunda Seção do Superior Tribunal de Justiça, em que se entendeu, por maioria, ser inaplicável a teoria do adimplemento substancial aos contratos de alienação fiduciária em garantia regidos pelo Decreto-Lei n. 911/69.[246]

---

[244] STJ — Quarta Turma — REsp 76.362/MT — Rel. Ministro Ruy Rosado de Aguiar. J: 11/12/1995, DJ 01/04/1996.

[245] "Alienação Fiduciária. Busca e apreensão. Deferimento liminar. Adimplemento substancial. Não viola a lei a decisão que indefere o pedido liminar de busca e apreensão considerando o pequeno valor da dívida em relação ao valor do bem e o fato de que este é essencial à atividade da devedora. Recurso não conhecido". (STJ — Quarta Turma — REsp 469.577/SC — Rel. Min. Ruy Rosado de Aguiar, j. 25.03.2003, DJ 05.05.2003).

[246] "Recurso especial. Ação de busca e apreensão. Contrato de financiamento de veículo, com alienação fiduciária em garantia regido pelo Decreto-lei 911/69. Incontroverso inadimplemento das quatro últimas parcelas (de um total de 48). Extinção da ação de busca e apreensão (ou determinação para aditamento da inicial, para transmudá-la em ação executiva ou de cobrança), a pretexto da aplicação da teoria do adimplemento substancial. Descabimento. 1. Absoluta incompatibilidade da citada teoria com os termos da lei especial de regência. Reconhecimento. 2. Remancipação do bem ao devedor condicionada ao pagamento da integralidade da dívida, assim compreendida como os débitos vencidos, vincendos e encargos apresentados pelo credor, conforme entendimento consolidado da segunda seção, sob o rito dos recursos especiais repetitivos (REsp n. 1.418.593/MS). 3. Interesse de agir evidenciado, com a utilização da via judicial eleita pela lei de regência como sendo a

Não obstante a restrição de aplicação do entendimento do Superior Tribunal de Justiça exarada em referido julgado, os fundamentos do acórdão são de grande valia para o tema alienação fiduciária em garantia de bem imóvel.

Indo além, a linha de raciocínio explicitada no voto vencedor para afastar a aplicação da teoria do adimplemento substancial pode também ser utilizada para justificar sua inaplicabilidade na alienação fiduciária de bem imóvel.

Isso pois, para afastar a aplicação de mencionada teoria, observou-se que *lex specialis derogat legi generali* — ou seja, a lei especial derroga

mais idônea e eficaz para o propósito de compelir o devedor a cumprir com a sua obrigação (agora, por ele reputada ínfima), sob pena de consolidação da propriedade nas mãos do credor fiduciário. 4. Desvirtuamento da teoria do adimplemento substancial, considerada a sua finalidade e a boa-fé dos contratantes, a ensejar o enfraquecimento do instituto da garantia fiduciária. Verificação. 5. Recurso especial provido. (...) 4. A teoria do adimplemento substancial tem por objetivo precípuo impedir que o credor resolva a relação contratual em razão de inadimplemento de ínfima parcela da obrigação. A via judicial para esse fim é a ação de resolução contratual. Diversamente, o credor fiduciário, quando promove ação de busca e apreensão, de modo algum pretende extinguir a relação contratual. Vale-se da ação de busca e apreensão com o propósito imediato de dar cumprimento aos termos do contrato, na medida em que se utiliza da garantia fiduciária ajustada para compelir o devedor fiduciante a dar cumprimento às obrigações faltantes, assumidas contratualmente (e agora, por ele, reputadas ínfimas). A consolidação da propriedade fiduciária nas mãos do credor apresenta-se como consequência da renitência do devedor fiduciante de honrar seu dever contratual, e não como objetivo imediato da ação. E, note-se que, mesmo nesse caso, a extinção do contrato dá-se pelo cumprimento da obrigação, ainda que de modo compulsório, por meio da garantia fiduciária ajustada. 4.1 É questionável, se não inadequado, supor que a boa-fé contratual estaria ao lado de devedor fiduciante que deixa de pagar uma ou até algumas parcelas por ele reputadas ínfimas, mas certamente de expressão considerável, na ótica do credor, que já cumpriu integralmente a sua obrigação, e, instado extra e judicialmente para honrar o seu dever contratual, deixa de fazê-lo, a despeito de ter a mais absoluta ciência dos gravosos consectários legais advindos da propriedade fiduciária. A aplicação da teoria do adimplemento substancial, para obstar a utilização da ação de busca e apreensão, nesse contexto, é um incentivo ao inadimplemento das últimas parcelas contratuais, com o nítido propósito de desestimular o credor — numa avaliação de custo-benefício — de satisfazer seu crédito por outras vias judiciais, menos eficazes, o que, a toda evidência, aparta-se da boa-fé contratual propugnada. 4.2. A propriedade fiduciária, concebida pelo legislador justamente para conferir segurança jurídica às concessões de crédito, essencial ao desenvolvimento da economia nacional, resta comprometida pela aplicação deturpada da teoria do adimplemento substancial. 5. Recurso Especial provido". (STJ — Segunda Seção — REsp 1.622.555/MG — Rel. Ministro Marco Buzzi, Rel. para o acórdão Ministro Marco Aurélio Bellizze. J. 22/02/2017, DJe 16/03/2017)

a lei geral. Diante disso, no que concerne a alienação fiduciária de bem imóvel, ante a existência de lei específica, não há que se falar em aplicação prioritária do Código Civil. O que, aliás, está expresso em seu artigo 1.368-A.[247]

Assim, do voto do Ministro Marco Aurélio Bellizze se extrai que *"a aplicação da teoria do adimplemento substancial (...) afigura-se in totum incompatível com os termos da lei especial, que é expressa (sem lacuna, portanto) em assentar a necessidade de pagamento da integralidade da dívida pendente, para viabilizar a restituição do bem ao devedor fiduciante"*.

Seguindo a orientação do Colendo Superior Tribunal de Justiça, o Egrégio Tribunal de Justiça do Estado de São Paulo também vem negando a aplicação da teoria do adimplemento substancial ao contrato de alienação fiduciária, sob o fundamento de que *"seria incentivar um comportamento inadimplente, em violação à boa-fé objetiva, requisito indispensável à própria aplicação da teoria"*.[248]

Como outrora mencionado, somente ocorrerá a consolidação da propriedade fiduciária em nome do credor fiduciário apenas e tão somente na hipótese em que, após o inadimplemento do devedor do contrato, com o fim do decurso do prazo de carência do artigo 26, §2º da Lei n. 9.514, de 1997,[249] e também após a devida intimação pelo oficial do Registro de Imóveis, o devedor deixar de purgar a mora no prazo de 15 (quinze) dias.

---

[247] "Art. 1.368-A. As demais espécies de propriedade fiduciária ou de titularidade fiduciária submetem-se à disciplina específica das respectivas leis especiais, somente se aplicando as disposições deste Código naquilo que não for incompatível com a legislação especial".

[248] "Apelação — Ação anulatória — Alienação fiduciária de bem imóvel — Mérito — Adimplemento substancial — Teoria inaplicável aos contratos de alienação fiduciária, consoante entendimento sedimentado pelo Superior tribunal de Justiça — REsp nº 1.622.555/MG — Aplicação do entendimento também para contratos garantidos por alienação fiduciária de imóvel — Precedentes deste E. TJSP — E mesmo que se entendesse aplicável a teoria ao caso concreto, não seria o caso de provimento do recurso — Quitação de apenas 70% do contrato — Manutenção da sentença de improcedência — Desobediência à ordem judicial que anulou os leilões — Inocorrência — Transferência do imóvel efetivada apenas após a sentença de improcedência da ação — Convalidação do leilão anulado — Honorários advocatícios recursais — Art. 85, §§ 1º, 2º e 11 do CPC em vigor — Negado provimento". (TJSP — 25ª Câmara de Direito Privado — Apelação Cível 1001558-40.2017.8.26.0116 — Relator Des. Hugo Crepaldi. J: 29/10/2019; DJe: 30/10/2019).

[249] "Art. 26. (...) § 2º O contrato definirá o prazo de carência após o qual será expedida a intimação".

Como se não bastasse, o bem imóvel será levado a leilão em duas oportunidades, sendo que somente no caso de o bem ser arrematado ou adjudicado pelo valor global da dívida é que seria possível vislumbrar algum prejuízo para o devedor fiduciante.

Nesse sentido ainda, como asseverado neste trabalho, se depois de terem sido realizados dois leilões, não houver lance que sobeje o valor da dívida, é de se presumir que o mercado avaliou ser este o valor real do imóvel e que o valor de avaliação do imóvel era apenas teórico.

Como bem afirmado por, Regina Célia Costa Alvarenga Zampini *"não há que se falar em ônus injustamente suportado pelo devedor, nem tampouco em enriquecimento sem causa do credor fiduciário"*,[250] já que o montante que suplantar o valor global da dívida será devolvido pelo fiduciário ao devedor fiduciante, em cumprimento fiel ao artigo 27, § 4º.

Sobre o tema, Melhim Namem Chalhub pondera que *"a aplicação da teoria do adimplemento substancial visa evitar a resolução do contrato, e não impedir que o credor promova a execução (...) não se justificando a vedação da cobrança do crédito fiduciário pelos meios definidos na legislação especial que a regulamenta"*.[251]

No caso da alienação fiduciária em garantia, a extinção do contrato ocorre por expressa previsão legal quando da consolidação da propriedade em nome do credor fiduciário. Do mesmo modo, a lei prevê em seu artigo 26, §§ 5º e 2º que o devedor fiduciante poderá preservar o contrato, bastando para tanto purgar a mora quitando *"a prestação vencida e as que se vencerem até a data do pagamento"*.

Não se pode perder de vista ainda o entendimento que vem sendo consolidado no Colendo Superior Tribunal de Justiça no sentido de que o devedor fiduciante pode purgar a mora até a arrematação ou a adjudicação pelo credor fiduciário. Isto é, para evitar que haja a expropriação do bem imóvel, basta ao devedor fiduciante efetuar o pagamento da dívida global, como inclusive muito bem colocado pelo Ministro Marco Aurélio Bellizze em seu voto: *"nos termos da lei, para que o bem possa ser restituído ao devedor, livre de ônus, não basta que ele quite quase toda a dívida; é*

---

[250] Zampini, Regina Célia Costa Alvarenga. Op. cit. p. 226.
[251] Chalhub. Melhim Namem. Op. cit. p. 290.

insuficiente que pague substancialmente o débito; é necessário, para esse efeito, que quite integralmente a dívida pendente".[252]

Respeitando entendimentos divergentes, admitir a aplicação da teoria do adimplemento substancial do contrato de alienação fiduciária em garantia de bem imóvel é gerar sobre o instituto mais insegurança jurídica, além de desvirtuá-lo por completo.

4.3.1. *Preço vil no leilão da alienação fiduciária de bem imóvel*

Outro questionamento que surge — quase como consequência lógica da possibilidade de aplicação da teoria do adimplemento substancial nos contratos de alienação fiduciária em garantia de bem imóvel — é a de que a arrematação ou a adjudicação do bem pelo preço da dívida configuraria a expropriação por preço vil.

Como analisado infra, no segundo leilão será aceito como lance aquele que for igual ou superior ao *"valor da dívida, das despesas, dos prêmios de seguro, dos encargos legais, inclusive tributos, e das contribuições condominiais"* (Lei n. 9.514, de 1997, artigo 27, § 2º).

Na circunstância em que o devedor fiduciante adimpliu substancialmente o contrato, é grande a probabilidade de o saldo remanescente da operação de alienação fiduciária ser consideravelmente inferior ao valor de avaliação do imóvel (valor exigível como lance mínimo apenas no primeiro leilão). Ainda assim, o credor fiduciário estará obrigado a devolver ao devedor fiduciante somente o montante que sobejar o valor da dívida.

Sopesando essa situação com o que dispõe o artigo 891, parágrafo único cumulado com o artigo 903, inciso I, § 1º do Código de Processo Civil de 2015,[253] poderia se cogitar a invalidez da arrematação ou adjudicação compulsória pelo credor fiduciário por ter sido praticado preço vil.

---

[252] STJ — Segunda Seção — REsp 1.622.555/MG — Rel. Ministro Marco Buzzi, Rel. para o acórdão Ministro Marco Aurélio Bellizze. J. 22/02/2017, DJe 16/03/2017.

[253] "Art. 891. Não será aceito lance que ofereça preço vil.
Parágrafo único. Considera-se vil o preço inferior ao mínimo estipulado pelo juiz e constante do edital, e, não tendo sido fixado preço mínimo, considera-se vil o preço inferior a cinquenta por cento do valor da avaliação. (...)
Art. 903. Qualquer que seja a modalidade de leilão, assinado o auto pelo juiz, pelo arrematante e pelo leiloeiro, a arrematação será considerada perfeita, acabada e irretratável, ainda

A esse respeito, merece destaque o julgamento do Egrégio Tribunal de Justiça do Estado de São Paulo no qual, em apreciação sumária, determinou liminarmente a suspensão do leilão em decorrência da suposta existência de preço vil.[254] Ulteriormente, o caso foi apreciado no mérito, sendo afastado o questionamento da prática de preço vil.[255]

Todavia, mais uma vez respeitando o entendimento em sentido contrário, eventual decisão que invalide a arrematação ou a adjudicação compulsória ao credor fiduciário é mais uma desconfiguração da alienação fiduciária, além de desrespeitar integralmente não só o disposto na Lei n. 9.514, de 1997, como também o disciplinado no mencionado artigo 891 e respectivo parágrafo único do Código de Processo Civil.

Segundo se extrai da primeira parte do parágrafo único do artigo 891, será considerado *"vil o preço inferior ao mínimo estipulado pelo juiz e constante do edital"*. No caso da alienação fiduciária de bem imóvel, o valor mínimo exigido está expressamente fixado no artigo 27, § 2º da Lei n. 9.514, de 1997, que, por sua vez, deverá constar nos editais de divulgação dos leilões públicos extrajudiciais. Portanto, não se pode considerar como vil algo que foi fixado pela própria legislação aplicável ao caso.

---

que venham a ser julgados procedentes os embargos do executado ou a ação autônoma de que trata o § 4º deste artigo, assegurada a possibilidade de reparação pelos prejuízos sofridos.
§ 1º Ressalvadas outras situações previstas neste Código, a arrematação poderá, no entanto, ser:
I — invalidada, quando realizada por preço vil ou com outro vício".

[254] "Alienação fiduciária de imóvel Lei 9.514/97 — Ação declaratória de nulidade de procedimento de execução extrajudicial — Tutela antecipada para suspensão dos efeitos do leilão — Alegação de nulidade do procedimento — Arrematação por preço vil — Presença de verossimilhança das alegações — Fundado receio de dano irreparável — Liminar concedida — Agravo provido".(TJSP — 28ª Câmara de Direito Privado — Agravo de Instrumento 2002662-49.2013.8.26.0000 — Relator Des. MANOEL JUSTINO BEZERRA FILHO; J. 08/10/2013; DJe: 10/10/2013.

[255] "Não há irregularidade quanto ao preço de avaliação do imóvel, pois na cláusula 15 do contrato (fls. 28), consta que o valor de avaliação do imóvel é de R$8.000.000,00, sendo que constou como lance mínimo do 1º leilão R$8.643.893,60 em razão da atualização monetária (fls.337). Já 2º leilão teve o lance mínimo de R$3.656.711,00 e o imóvel foi arrematado pelo valor de R$4.850.000,00. Dessa forma, foi obedecido o disposto nos artigos 24, inciso VI e 27, parágrafos 1º e 2º, da Lei 9.514/97" (TJSP — 28ª Câmara de Direito Privado — Apelação Cível 1018809-61.2013.8.26.0100 — Relator Des. CESAR LUIZ DE ALMEIDA. J: 20/06/2017; DJe: 21/06/2017).

Ademais, considerar, de plano, que haverá aviltamento quando o *"preço [for] inferior a cinquenta por cento do valor da avaliação"* do bem é desconsiderar a análise hermenêutica do supracitado parágrafo único do artigo 891. Como se nota, o dispositivo expressamente estabeleceu uma condição para aplicação desse percentual: se, e somente se, não tiver sido fixado um preço mínimo para o leilão. No caso da alienação fiduciária de bem imóvel, mais uma vez, a lei categoricamente fixou o lance mínimo aceitável, que é justamente o valor global da dívida.

Ademais, como Eduardo Chulam assevera, a vedação legal para a aceitação do preço vil, é visando a evitar a depreciação do patrimônio do devedor, que teve seu bem constrito para pagamento de uma dívida. Entretanto, na alienação fiduciária, o devedor fiduciante não é proprietário pleno do bem, possuindo apenas a posse direta e eventual expectativa de direito sobre o bem, que deixa de existir com a consolidação do imóvel em nome do credor fiduciário quando não se purga a mora. E ainda completa: *"a impugnação sob o fundamento de potencial lesão decorrente da subavaliação do imóvel do fiduciante não é, a rigor, adequada, pois não se está avaliando seu patrimônio, mas do credor fiduciário".*[256]

Mais uma vez trazendo o posicionamento do Egrégio Tribunal de Justiça do Estado de São Paulo, verifica-se uma tendência para que não se invalide por suposta prática de preço vil o leilão público extrajudicial realizado no âmbito da alienação fiduciária de bem imóvel, justamente em respeito aos ditames do procedimento da Lei n. 9.514, de 1997.[257]

De forma a complementar esse entendimento, destaca-se a assertiva de Everaldo Augusto Cambler de que o credor fiduciário estando *"obrigado a respeitar a lei e o contrato firmado, por óbvio não se mostra admissível a*

---

[256] CHULAM, EDUARDO. Op. cit. p. 161-163.

[257] "Apelação. Anulação de alienação extrajudicial. Financiamento imobiliário garantido por alienação fiduciária. Alegação de que o imóvel foi arrematado por preço vil. Inocorrência. Procedimento da Lei n. 9.514/97 observado. Intimação para purgação da mora realizada. Leilão sem interessados. Adequada consolidação da propriedade em favor do credor fiduciário. Precedentes. Sentença mantida. Recurso improvido". (TJSP — 19ª Câmara de Direito Privado — Apelação Cível 1028833-41.2018.8.26.0564; Relator Des. HAMID BDINE. J: 09/09/2019; DJe: 12/09/2019)
No mesmo sentido: TJSP — 8ª Câmara de Direito Público — Apelação Cível 1001150-93.2017.8.26.0651 — Relator Des. LEONEL COSTA; J: 16/10/2019; DJe: 17/10/2019; TJSP — 25ª Câmara de Direito Privado — Apelação Cível 1021529-55.2017.8.26.0554; Relator Des. HUGO CREPALDI; J: 25/04/2019; DJe: 25/04/2019.

tese do preço vil, pois isto deixaria ele, desprovido de providências necessárias à satisfação de seu crédito".[258]

Portanto, sob qualquer prisma que se analise a questão, é certo que invalidar a arrematação ou adjudicação do bem por suposto aviltamento do preço praticado no leilão, implicaria em violar o disposto no artigo 27, § 2º da Lei n. 9.514, de 1997.

4.3.2. Inaplicabilidade do artigo 53 do código de defesa do consumidor na alienação fiduciária de bem imóvel

Da mesma forma que há defensores e julgados em prol da aplicabilidade da teoria do adimplemento substancial aos contratos de alienação fiduciária em garantia de bem imóvel, existem também os adeptos à aplicação do disposto no artigo 53 do Código de Defesa do Consumidor.[259]

Isso pois, como se denota, referido dispositivo estabelece ser nula de pleno direito a cláusula que dispuser, inclusive em contrato de alienação fiduciária, a perda total das prestações pagas ou a retomada do produto alienado em benefício do credor. Ou seja, diante do inadimplemento do devedor fiduciante, da ulterior consolidação da propriedade do bem imóvel em nome do credor fiduciário e da alienação do imóvel em leilão, mister a restituição de parte das parcelas pagas pelo devedor até aquele momento, sob pena de nulidade.

O fundamento utilizado pelos defensores dessa teoria é o mesmo da teoria do adimplemento substancial: esta situação geraria uma obrigação desproporcional e desarrazoada em prejuízo ao devedor fiduciante, bem como enriquecimento sem causa ao credor fiduciário. Por essa razão, sustentam o direito de o devedor fiduciante ser restituído pelo credor fiduciário de parte das parcelas pagas, como por exemplo, expressado por Regina Célia Costa Alvarenga Zampini: *"não é razoável que haja a perda de todas as prestações pagas pelo devedor fiduciante e, ainda, que a propriedade resolúvel se consolide em nome do credor fiduciário, o qual poderia*

---

[258] CAMBLER, EVERALDO AUGUSTO. Preço vil impossibilidade de arguição na alienação fiduciária de bem imóvel. Revista de Direito Imobiliário, vol. 782015, p. 277-298.

[259] "Art. 53. Nos contratos de compra e venda de móveis ou imóveis mediante pagamento em prestações, bem como nas alienações fiduciárias em garantia, consideram-se nulas de pleno direito as cláusulas que estabeleçam a perda total das prestações pagas em benefício do credor que, em razão do inadimplemento, pleitear a resolução do contrato e a retomada do produto alienado".

pleitear perdas e danos ou mesmo requerer, por meio de ação de cobrança, o valor inadimplido".[260]

Nesse sentido, o Egrégio Tribunal de Justiça do Estado de São Paulo já proferiu acórdão, conforme ementa abaixo:

> Apelação. Natureza do contrato que não é impeditiva da rescisão. Contrato de compra e venda com pacto adjeto de alienação fiduciária. Possibilidade de rescisão, na medida em que não se está diante de inadimplência dos compradores. Aplicabilidade do CDC a esta relação jurídica que pode ser extraída da expressa dicção do artigo 53 daquele Estatuto, ao mencionar entre os contratos em que não é possível a perda integral das parcelas pagas o de alienação fiduciária. Posterior edição de legislação que estendeu essa modalidade de garantia para imóveis que não altera a percepção de aplicação do CDC, na medida em que não houve expressa exclusão de sua aplicabilidade. Hipótese, ademais, em que sequer há comprovação de registro do contrato e consequente consolidação da propriedade fiduciária. Precedentes. Retenção afastada. Culpa das rés que importa no dever de restituição integral dos valores pagos. Aplicabilidade da Súmula 543 do STJ. JUROS DE MORA. Não se trata de mora "ex re", e na medida em que apenas com a citação houve a constituição em moradas rés, devida a pretensão recursal de fixação do termo inicial dos juros moratórios a partir da citação. Recurso parcialmente provido.[261]

Sem a pretensão de parecer repetitivo, no entanto, aqui cabe mais uma vez preservar a aplicação do ditame jurídico de que *"lei geral não derroga lei especial"*, o qual também está previsto no artigo 2º, § 2º da Lei de Introdução às normas do Direito Brasileiro.[262] Com isso, por ser a Lei n. 9.514, de 1997 especial em relação ao Código de Defesa do Consu-

---

[260] ZAMPINI, Regina Célia Costa Alvarenga. Op. cit. p. 225.
[261] TJSP — 9ª Câmara de Direito Privado — Apelação Cível 1018571-48.2015.8.26.0625 — Relator Des. MARIELLA FERRAZ DE ARRUDA POLLICE NOGUEIRA; J: 14/05/2019; DJe: 16/05/2019.
[262] Decreto-lei n. 4.657, de 1942: "Art. 2º. Não se destinando à vigência temporária, a lei terá vigor até que outra a modifique ou revogue.
§ 1º A lei posterior revoga a anterior quando expressamente o declare, quando seja com ela incompatível ou quando regule inteiramente a matéria de que tratava a lei anterior.
§ 2º A lei nova, que estabeleça disposições gerais ou especiais a par das já existentes, não revoga nem modifica a lei anterior".

midor, não há que se falar na aplicação do artigo 53 deste diploma em preferência ao disposto no artigo 27 daquela lei.

A incompatibilidade da legislação consumerista à sistemática da alienação fiduciária em garantia de bem imóvel fica clara ao se confrontar as respectivas determinações. Ao passo que no Código de Defesa do Consumidor se prevê rescisão do contrato e a restituição de parte das parcelas pagas pelo devedor; na sistemática da alienação fiduciária, o artigo 27 estabelece a consolidação da propriedade em nome do credor fiduciário e que este é obrigado a levar o bem a leilão público, estando ainda forçado a entregar ao devedor fiduciante eventual montante excedente da alienação do bem, depois de descontado o saldo remanescente da dívida e as despesas, encargos e impostos incorridos até então.

Por conseguinte, não há enriquecimento indevido por parte do credor fiduciante, que é o que o artigo 53 do Código de Defesa do Consumidor visa a coibir. Nesse contexto, ainda, conforme asseverado neste trabalho, não há também que se falar em enriquecimento sem causa se o bem imóvel, eventualmente, for arrematado em segundo leilão por valor inferior àquele tido como de avaliação no contrato.

Melhim Namem Chalhub aponta de forma muito clara a distinção existente:

> *Efetivamente, o bem objeto da alienação fiduciária é garantia do mútuo, não objeto do mútuo; serve o bem para dar mais eficácia ao recebimento do crédito, mas não substitui o objeto do contrato, que, repita-se, é dinheiro. Não se pode deduzir que, em razão da aplicação do art. 53 do CDC, o apossamento do bem pelo mutuante, mesmo que o valor do bem seja inferior ao do crédito, implique (a) a exoneração da obrigação do mutuário de repor no patrimônio do mutuante a totalidade daquilo que recebeu e, ainda, (b) a obrigação do mutuante de subtrair parte do ativo do seu próprio patrimônio e entregar ao devedor inadimplente, depois de extinto o contrato de mútuo sem que tenha sido resposta a quantia mutuada. Por isso, a regra do art. 53 do CDC não pode ser aplicada de maneira invariável a todos os casos concretos de alienação fiduciária.*[263]

---

[263] CHALHUB, MELHIM NAMEM. Op. cit. p. 347-348.

Complementando essa ideia, Umberto Bara Bresolin afirma que *"as parcelas pagas em cumprimento ao contrato de mútuo não correspondem à contraprestação para aquisição do imóvel — mas sim à devolução do valor emprestado, acrescido dos juros pactuados –, carecendo de sentido jurídico que possa decorrer, do inadimplemento do devedor, a pretensão de devolução de parte de parcelas já solvidas"*.[264]

Diante disso, é de rigor a inaplicabilidade do artigo 53 do Código de Defesa do Consumidor aos contratos de alienação fiduciária em garantia de bem imóvel, ante a sua incompatibilidade com a sistemática estipulada pela Lei n. 9.514, de 1997.

4.4. Pacto comissório na alienação fiduciária de bem imóvel

Assunto que sempre está relacionado à alienação fiduciária, seja de bem imóvel, seja de bem móvel, refere-se ao pacto comissório e sua expressa vedação no artigo 1.428 do Código Civil de 2002: *"é nula a cláusula que autoriza o credor pignoratício, anticrético ou hipotecário a ficar com o objeto da garantia, se a dívida não for paga no vencimento"*.

O pacto comissório se caracteriza como sendo a cláusula contratual livremente pactuada pelas partes, em que se preveja que a parte credora poderá, em caso de inadimplemento da obrigação da parte devedora, constranger de forma automática um de seus bens. Em razão dessa característica, houve embate doutrinário para verificar se a alienação fiduciária não confrontaria a vedação ao pacto comissório.

Isso porque, como já explicitado, em razão do inadimplemento do devedor fiduciante, o credor fiduciário terá a propriedade do imóvel consolidada em seu nome, se, após ter intimado devidamente o fiduciante para que purgasse a mora, este permaneceu inerte. De forma míope, poderia vislumbrar certa semelhança quanto ao efeito prático entre o pacto comissório e a alienação fiduciária. No entanto, a similitude é tão somente essa.

A primeira distinção está justamente no comando que embasa cada apropriação do bem em nome credor: enquanto no pacto comissório ela decorre de expressa estipulação contratual; na alienação fiduciária a adjudicação é determinada por disposição legal, em situação excepcional.

---

[264] BREZOLIN, UMBERTO BARA. Execução extrajudicial imobiliária. 1ª edição. São Paulo: Atlas. 2013. p. 183.

O credor fiduciário somente consolidará a propriedade plena do bem em seu nome, depois de serem verificadas e cumpridas diversas etapas. Primeiro é necessário que o devedor fiduciante se torne inadimplente; depois, necessário que, intimado, deixe de purgar a mora; passo seguinte, deverão ser realizados os leilões públicos extrajudiciais, sendo que os lances somente serão considerados válidos se obedecerem aos valores mínimos fixados em lei. Somente então, se no segundo leilão, não for alcançado valor maior ou igual ao da dívida, é que o credor fiduciário adjudicará compulsoriamente o imóvel.

Veja, portanto, que diferentemente ao pacto comissório, em que a transferência do bem do devedor ao credor acontece de forma automática, na alienação fiduciária em garantia a consolidação da propriedade plena somente ocorre quando as demais formas de excussão do bem não foram exitosas.

Ademais, não há que se falar na aplicação da vedação ao pacto comissório na alienação fiduciária em garantia de bem imóvel, pois, como bem pontuado por Melhim Namem Chalhub, *"a apropriação não se efetiva por efeito de cláusula contratual, mas, sim, por força do efeito natural da* conditio juris *estabelecida"* na Lei n. 9.514, de 1997. E complementa, *"a propriedade se incorpora no patrimônio do credor em virtude da ocorrência de evento definido por lei (inadimplemento da obrigação garantida), e não de evento estipulado por livre convenção das partes, operando seus efeitos independentemente da vontade destas"*.[265]

Pondera-se ainda que o momento da transferência da propriedade é distinto também. Na alienação fiduciária, o imóvel é transferido ao credor fiduciário em caráter resolúvel desde o início, enquanto o pacto comissório estabelece que a transferência ocorrerá em momento ulterior, quando do inadimplemento pelo devedor fiduciante.

Isso tem impacto ainda no fato de que, na alienação fiduciária, quando há o inadimplemento, a propriedade do bem já é do credor fiduciário, sendo necessário apenas e tão somente realizar os procedimentos legais — leia-se, intimar o devedor fiduciante para purgar a mora — para que a propriedade do bem se consolide em nome do fiduciário.

Como se não bastasse, imperioso observar que *lex specialis derogat legi generali*, (a lei especial derroga a lei geral) e que *lex posterior derogat legi*

---

[265] CHALHUB, MELHIM NAMEM. Op. cit. p. 167.

priori (lei nova revoga lei anterior), previstos no artigo 2º, *caput*, §§1º e 2º do Decreto-Lei n.4.657, de 1942 (Lei de Introdução às normas do Direito Brasileiro).[266] Isso porque, a Lei n. 9.514, de 1997, em que pese ser anterior, é especial em relação ao Código Civil de 2002, que, por sua vez, por ter estabelecido disposições gerais a par das já existentes, não revogou nem modificou a lei anterior sobre a alienação fiduciária.

Some a isso que o artigo 1.428 do Código Civil foi extremamente claro em estabelecer que o pacto comissório é vedado somente ao credor pignoratício, anticrético ou hipotecário, nada dizendo sobre o credor fiduciário.

Ainda com relação a essa questão, não obstante a ausência de legislação específica, o Colendo Supremo Tribunal Federal, ao apreciar situação em que houve a celebração de empréstimo com garantia de alienação fiduciária de bem imóvel, proferiu acórdão asseverando que diante da *"diversidade de estrutura jurídica e de características econômicas entre o negócio fiduciário e os direitos reais de garantia, não se lhe aplica a proibição do pacto comissório."*[267]

Diante do exposto e em que pese hodiernamente inexistir discussão a respeito, não há como se entender que a legislação da alienação fiduciária em garantia de bem imóvel violaria a vedação do pacto comissório estipulada no artigo 1.428 do Código Civil.

---

[266] "Art. 2º Não se destinando à vigência temporária, a lei terá vigor até que outra a modifique ou revogue.
§ 1º A lei posterior revoga a anterior quando expressamente o declare, quando seja com ela incompatível ou quando regule inteiramente a matéria de que tratava a lei anterior.
§ 2º A lei nova, que estabeleça disposições gerais ou especiais a par das já existentes, não revoga nem modifica a lei anterior.
[267] "Negócio fiduciário. Em face da diversidade de estrutura jurídica e de características econômicas entre o negócio fiduciário e os direitos reais de garantia, não se lhe aplica a proibição do artigo 765 do Código Civil [art. 1.428 do Código de 2002]. Com isso, não fica o devedor, no sistema jurídico brasileiro, inerme diante do credor, se a diferença entre o valor do direito transferido em garantia e o valor do empréstimo garantido for representada por juros usurários, caso em que a nulidade será decretada em virtude de fraude à Lei de Usura. No caso, ficou demonstrada a inexistência de juros usurários. Recurso extraordinário conhecido e provido" (STF — Segunda Turma — Recurso Extraordinário 82.447 — Rel. Min. CORDEIRO GUERRA — Rel. Min. para o acórdão JOSÉ CARLOS MOREIRA ALVES, j. 8/6/1976).

4.5. Alienação fiduciária em garantia de imóvel rural para pessoa estrangeira

Questão relevante que merece um detido exame é aquela relativa à alienação fiduciária em garantia de imóvel rural, cuja operação visa a financiar as atividades empresariais do devedor fiduciante, no entanto, o credor fiduciário é uma pessoa estrangeira, ou a esta equiparada.[268]

Conforme já estudado em capítulo antecedente, pelo disposto no artigo 22 da Lei n. 9.514, de 1997, qualquer pessoa — física ou jurídica, nacional ou estrangeira —, poderá contratar a alienação fiduciária em garantia de bem imóvel, desde que tenha capacidade para alienar o bem objeto da contratação.

Entretanto, quando se trata de imóvel rural e pessoa estrangeira (ou a esta equiparada), mister observar o disposto na Lei n. 5.709, de 1971 e no Decreto n. 74.965, de 1974, que visam, justamente, *regular a aquisição de imóvel rural por estrangeiro residente no país ou pessoa jurídica estrangeira autorizada a funcionar no Brasil.*

Referidas normas impõem diversas restrições para que a pessoa jurídica estrangeira adquira imóvel rural em território nacional. A começar pelo artigo 3º da mencionada lei, em que se estabeleceu que o imóvel rural deverá, obrigatoriamente, ser inferior a cinquenta *módulos de exploração indefinida*. Por sua vez, a dimensão destes módulos de exploração indefinida é delineada por ato administrativo do Instituto Nacional de Colonização e Reforma Agrária — Incra,[269] mas que varia entre 5 e 100 hectares, de acordo com a localização do imóvel rural.[270]

---

[268] Assim definida no artigo 1º, § 1º do Decreto n. 74.965, de 1974 "a pessoa jurídica brasileira da qual participem, a qualquer título, pessoas estrangeiras, físicas ou jurídicas, que tenham a maioria do seu capital social e residam ou tenham sede no exterior".

[269] Conforme artigo 4º do Decreto n. 74.965, de 1974: "Art. 4º Compete ao Instituto Nacional de Colonização e Reforma Agrária (INCRA) fixar, para cada região, o módulo de exploração indefinida, podendo modificá-lo sempre que houver alteração das condições econômicas e sociais da região".

[270] De acordo com a definição fornecida pelo Instituto Nacional de Colonização e Reforma Agrária — INCRA: "O Modulo de Exploração Indefinida (MEI) é uma unidade de medida, expressa em hectares, a partir do conceito de módulo rural, para o imóvel com exploração não definida. É usada em processos relacionados à aquisição de terras por estrangeiros. A dimensão do MEI varia entre 5 e 100 hectares, de acordo com a Zona Típica de Módulo (ZTM) do município de localização do imóvel rural" (disponível em http://www.incra.gov.br/content/modulo-de-exploracao-indefinida-mei).

Nesse contexto, apenas para imóveis rurais inferiores a três módulos de exploração indefinida é que o legislador dispensou a necessidade de que a pessoa estrangeira (ou a esta equiparada) solicite autorização ou licença do órgão fiscalizador competente, qual seja, o Incra, bem como, a depender da extensão, da Secretaria Geral do Conselho de Segurança Nacional.

Outra restrição mandatória é a que estabelece que a aquisição somente ocorrerá se o imóvel rural for *"destinado à implantação de projetos agrícolas, pecuários, industriais, ou de colonização"*, conforme redação do artigo 5º da mencionada lei. Como se não bastasse, este projeto ainda dependerá de aprovação do, atualmente, denominado Ministério da Agricultura, Pecuária e Abastecimento.

Ainda, nos termos do artigo 9º da Lei n. 5.709, de 1971, a pessoa jurídica estrangeira (ou a esta equiparada) para adquirir qualquer imóvel rural no Brasil —o que, aliás, somente pode ocorrer por meio de escritura pública —, deverá obter licença prévia para funcionamento em território nacional e comprovar ter endereço em território nacional.

Ademais, *"a soma das áreas rurais pertencentes a pessoas estrangeiras, físicas ou jurídicas, não poderá ultrapassar a um quarto da superfície dos municípios onde se situem"*, bem como pessoas da mesma nacionalidade não poderão ser proprietárias de mais de 40% (quarenta por cento) de cada Município, conforme disposto no artigo 12 e respectivo § 1º da supracitada lei.

Para sacramentar as dificuldades para a aquisição de imóvel rural por pessoa física ou jurídica estrangeira (ou a esta equiparada), o artigo 15 é enfático em afirmar que toda e qualquer aquisição de imóvel rural que desrespeite referidas limitações será nula de pleno direito. E, indo além, assevera que o tabelião que lavrar a escritura e o oficial de registro que a transcrever na matrícula do imóvel serão responsabilizados civil e criminalmente.

De modo semelhante, a Lei n. 6.634, de 1979 também impôs restrições à pessoa estrangeira para aquisição de imóveis rurais localizados na *faixa de fronteira*, assim compreendidos como sendo aqueles localizados até 150 km (cento e cinquenta quilômetros) das fronteiras terrestres nacionais.[271] Todavia, referida lei foi além, e vedou que a

---

[271] A saber: "Dispõe sobre a Faixa de Fronteira, altera o Decreto-lei nº 1.135, de 3 de dezembro de 1970, e dá outras providências". E, de acordo com o artigo 1º, "é considerada área

pessoa estrangeira (ou a esta equiparada) seja titular de direito real sobre imóvel rural.[272]

A polêmica com relação ao assunto tem grande valia em decorrência exatamente da equiparação das empresas nacionais, cuja maioria do seu capital social seja de titularidade de pessoas estrangeiras, físicas ou jurídicas, conforme fixado pelo mencionado artigo 1º, § 1º do Decreto n. 74.965, de 1974. Ou seja, toda e qualquer empresa nacional que, porventura, vier a ter seu controle acionário assumido por pessoa estrangeira, será a esta equiparada, sofrendo, por consequência, as restrições para a aquisição de imóvel rural.

Isso porque, em um primeiro momento, ao analisar a validade do referido artigo 1º, § 1º do Decreto n. 74.965, de 1974, a Advocacia Geral da União — AGU entendeu, por meio do Parecer nº GQ-22, que o dispositivo não teria sido recepcionado pela Constituição Federal de 1988. Este entendimento é sintetizado por Fábio Augusto Santana Hage, Marcus Peixoto e José Eustáquio Ribeiro Vieira Filho:

> *[...] no Parecer nº GQ-22, de 1994, concluiu-se que o § 1º do art. 1º da Lei nº 5.709, de 1971, conflitava com o conceito exarado no inciso I do art. 171 da CF e não teria sido, dessarte, recepcionado. Por conseguinte, tampouco poderia o art. 23 da Lei nº 8.629, de 25 de fevereiro de 1993 — o qual trata do arrendamento de imóvel rural por estrangeiros, determinando, para tanto, a aplicação subsidiária da Lei nº 5.709, de 1971 –, incidir sobre sociedades que não sejam estrangeiras (e não deveriam ser consideradas estrangeiras — repita-se — as empresas brasileiras controladas por pessoas jurídicas estrangeiras).*[273]

---

indispensável à Segurança Nacional a faixa interna de 150 Km (cento e cinqüenta quilômetros) de largura, paralela à linha divisória terrestre do território nacional, que será designada como Faixa de Fronteira".

[272] "Art. 2º. — Salvo com o assentimento prévio do Conselho de Segurança Nacional, será vedada, na Faixa de Fronteira, a prática dos atos referentes a: (...) V — transações com imóvel rural, que impliquem a obtenção, por estrangeiro, do domínio, da posse ou de qualquer direito real sobre o imóvel; VI — participação, a qualquer título, de estrangeiro, pessoa natural ou jurídica, em pessoa jurídica que seja titular de direito real sobre imóvel rural".

[273] HAGE, FÁBIO AUGUSTO SANTANA; PEIXOTO, MARCUS; VIEIRA FILHO; JOSÉ EUSTÁQUIO RIBEIRO. Aquisição de terras por estrangeiros no Brasil: Uma Avaliação Jurídica e Econômica. Núcleo de Estudos e Pesquisas do Senado Federal. Disponível em https://www12.senado.leg.br/publicacoes/estudos-legislativos/tipos-de-estudos/textos-para-discussao/

Entretanto, ulteriormente, revisitando a matéria, a Advocacia Geral da União — AGU proferiu o Parecer nº LA-01, de 2010,[274] o qual foi aprovado pelo Presidente da República em 23 de agosto de 2010.[275] Nesta oportunidade, decidiu-se de forma totalmente oposta ao entendimento anterior, de modo que o § 1º do artigo 1º da Lei n. 5.709, de 1971 teria sido recepcionado pela Carta Magna, estando, assim, vigente. Com isso, as empresas nacionais que possuíssem maioria do seu capital social em titularidade de pessoas estrangeiras sofreriam as restrições legais para aquisição de imóveis rurais superiores a três módulos de exploração indefinida.

Diante desse arcabouço legislativo e jurídico, necessária se mostra a análise da alienação fiduciária em garantia de imóvel rural quando o credor fiduciário for pessoa estrangeira (ou a esta equiparada) e se tratar de operação visando a financiar as atividades empresariais do devedor fiduciante.

Como visto, a Lei n. 5.709, de 1971 — propriamente dita — não estabeleceu qualquer restrição para que a pessoa estrangeira (ou a esta equiparada) constitua garantia real (dentre as quais estaria alienação fiduciária em garantia) sobre imóvel rural. Referida restrição somente existe para os imóveis rurais localizados na faixa de fronteira fixada pela Lei n. 6.634, de 1979. Deste modo, não haveria qualquer restrição para a celebração de contrato de alienação fiduciária em garantia de imóvel rural.

---

td-114-aquisicao-de-terras-por-estrangeiros-no-brasil-uma-avaliacao-juridica-e-economica, acessado em 14/4/2019.

[274] Disponível em http://www.planalto.gov.br/CCIVIL_03/AGU/PRC-LA01-2010.htm.

[275] Os pareceres da Advocacia Geral da União — AGU enquanto não forem sancionados pelo Presidente da República não têm o poder vinculativo para a administração pública federal, conforme estabelecido nos artigos 40 e 41 da Lei Complementar nº 73, de 10 de fevereiro de 1993:

"Art. 40. Os pareceres do Advogado-Geral da União são por este submetidos à aprovação do Presidente da República.

§ 1º O parecer aprovado e publicado juntamente com o despacho presidencial vincula a Administração Federal, cujos órgãos e entidades ficam obrigados a lhe dar fiel cumprimento.

§ 2º O parecer aprovado, mas não publicado, obriga apenas as repartições interessadas, a partir do momento em que dele tenham ciência.

Art. 41. Consideram-se, igualmente, pareceres do Advogado-Geral da União, para os efeitos do artigo anterior, aqueles que, emitidos pela Consultoria-Geral da União, sejam por ele aprovados e submetidos ao Presidente da República".

Arrazoando em uma situação normal, o devedor fiduciante celebraria com o credor fiduciário estrangeiro o contrato de mútuo/financiamento com pacto adjeto de alienação fiduciária em garantia de um imóvel rural de titularidade daquele (fiduciante). Assim sendo, em decorrência do desdobramento da posse, o credor fiduciário estrangeiro seria apenas proprietário fiduciário e possuidor indireto de referido imóvel rural.

Diante disso, o credor fiduciário estrangeiro, por não possuir a propriedade plena do imóvel, não sofreria qualquer impacto das limitações impostas pela Lei n. 5.709, de 1971 e pelo Decreto n. 74.965, de 1974. Deste modo, não precisaria se atentar à dimensão do imóvel, nem apresentar qualquer autorização do Incra ou da Secretaria Geral do Conselho de Segurança Nacional para que a alienação fiduciária fosse registrada junto à matrícula do imóvel rural. Note que o direito sobre este imóvel é registrado na contabilidade do credor fiduciário apenas como *direito de crédito*, e não como direito de propriedade.

Todavia, como explicitado anteriormente, em uma situação específica, o credor fiduciário poderá adjudicar compulsoriamente o imóvel anteriormente dado em garantia por alienação fiduciária. Isso ocorrerá na situação bem peculiar em que, inadimplida a obrigação de pagamento do contrato principal de financiamento, o devedor fiduciante devidamente intimado permanece inerte para a purgação da mora e, após a realização de dois leilões públicos, não é apresentado qualquer lance que atenda aos limites de valor impostos pelo artigo 27, §§ 1º e 2º da Lei n. 9.514, de 1997.

Conforme versado nos capítulos antecedentes, nesta hipótese o credor fiduciário receberá a propriedade plena do imóvel, podendo, então, dele livremente gozar, usufruir e dispor. Justamente neste momento que surge o questionamento se essa consolidação afrontaria à vedação imposta pela Lei n. 5.709, de 1971 e pelo Decreto n. 74.965, de 1974 para que a pessoa estrangeria (ou a esta equiparada) seja proprietária de imóvel rural.

A respeito dessa questão, Melhim Namem Chalhub expõe seu entendimento de forma muito clara:

> *O questionamento não tem fundamento, pois essa lei não impõe qualquer objeção à alienação fiduciária em garantia, porque não opera a transferência ao credor-fiduciário do domínio pleno ou útil do bem, com os atributos do art.*

1.288 do Código Civil, mas apenas vincula o bem ao cumprimento de uma obrigação. Nos termos do art. 1.367 do Código Civil, a propriedade fiduciária não se equipara para qualquer efeito à propriedade plena (ver item 4.2.1) e pode ser constituída em favor de pessoa jurídica estrangeira ou pessoa jurídica brasileira equiparada à estrangeira, independentemente da autorização de que trata a Lei 5.709/1971.

Se, entretanto, o devedor-fiduciante se tornar inadimplente, a autorização de que trata essa lei constitui requisito para a consolidação da propriedade no patrimônio dessas pessoas, inclusive por meio de dação do direito eventual do fiduciante, pois nesse caso o domínio pleno ou útil do imóvel será incorporado ao patrimônio do credor-fiduciário. Para esse fim, o requerimento de consolidação deve ser instruído com o documento de autorização e com os comprovantes de pagamento do Imposto de Transmissão Inter Vivos e, se for o caso, do laudêmio.

Com o devido respeito ao autor, porém seu posicionamento apresenta uma leve contradição, na medida que reconhece que — quando o devedor fiduciante se tornar inadimplente e não houver arrematante — para a consolidação da propriedade em seu nome o credor fiduciário estrangeiro deverá, necessariamente, obter autorização do Incra. Em outras palavras, o autor admite, indiretamente, que a alienação fiduciária em garantia em que o credor fiduciário é pessoa estrangeira (ou a esta equiparada) se sujeitará às restrições impostas pela Lei n. 5.709, de 1971 e pelo Decreto n. 74.965, de 1974.

Como não poderia deixar de ser, já se submeteu referida situação a apreciação do Poder Judiciário, conforme se verifica da ementa do julgado abaixo, em que se reconheceu a vedação da pessoa estrangeira equiparada figurar como credora fiduciária, porém, poderia penhorar e alienar o imóvel rural dado em alienação fiduciária em garantia:

Agravo de instrumento. Execução de Título Executivo Extrajudicial consistente em Escritura Pública de Confissão de Dívida com garantia de alienação fiduciária sobre imóvel rural. Empresa exequente que detém maioria de seu capital formado por Empresas estrangeiras, que foi impedida de consolidar a propriedade fiduciária da área recebida em garantia, como credora da dívida confessada. Pedido judicial, pela via da Execução, para a penhora do imóvel rural. Deferimento da constrição sobre os direitos do devedor executado sobre o bem. Inconformismo da Empresa exequente deduzido no Recurso. Acolhimento. Possibilidade de praceamento do imóvel rural em Hasta Pública, com alienação para terceiro e a quitação do saldo devedor contratual com o produto dessa alienação. Penhora almejada que não configura aquisição da propriedade de imóvel rural pela Empresa exeqüente, desde que vedada a adjudicação ou arrematação do imóvel pela exeqüente, "ex vi" da Lei nº 5.709/71 e do Parecer CGU/AGU nº 01/2008 RVJ. Decisão reformada, com observação. Recurso provido.[276]

Outro caso que merece destaque, embora se trate de imóvel rural dado em garantia por meio de hipoteca, é o agravo de instrumento de relatoria do Desembargador Sebastião Flavio, em que se permitiu a arrematação de bem pelo credor, pessoa estrangeira.[277;278]

Um dos principais fundamentos utilizados pelo nobre desembargador no caso supramencionado é o de que as instituições financeiras, nacionais ou estrangeiras, seriam obrigadas a alienar, nos termos do artigo 35, II, da Lei n. 4.595, de 1964, dentro do prazo de um ano (prorrogável por até dois), os bens imóveis de uso não próprio recebidos em liquidação de empréstimos que concedera. Portanto, em seu entendimento, esta

---

[276] TJSP — 27ª Câmara de Direito Privado — Agravo de Instrumento 2017960-08.2018.8.26.0000 — Relator Des. DAISE FAJARDO NOGUEIRA JACOT. j. 22/05/2018; DJe: 30/05/2018.

[277] "Execução de título extrajudicial — Alienação forçada — Arrematação do bem pela instituição financeira exequente, ora agravada — Insurgência dos executados a pretexto de suposta nulidade, fundada na proibição da aquisição, por empresa estrangeira, de imóvel rural — Descabimento — Arrematação do bem com expedição da respectiva carta que não corresponde à aquisição da propriedade pelo arrematante, que depende do respectivo registro público — Óbice à arrematação do bem pelo credor do bem hipotecado, como é o caso, que conflita com a possibilidade de instituição do respectivo direito real de garantia, distanciando-se da necessária interpretação sistemática e ferindo o princípio da boa-fé contratual — Dever legal de alienação do bem de uso não próprio pelas instituições financeiras (nacionais ou estrangeiras) que o recebam em liquidação de empréstimos concedidos (art. 35, ii, da lei 4.595/64) que reforça a ausência de risco à soberania nacional, a recomendar, em nome da segurança jurídica e da boa-fé objetiva, se ratifique a validade da arrematação — Decisão mantida — Recurso improvido". (TJSP — 23ª Câmara de Direito Privado Agravo de Instrumento 2024029-90.2017.8.26.0000; Relator Des. SEBASTIÃO FLÁVIO. j. 20/06/2018; DJE: 31/08/2018)

[278] Foi interposto agravo em recurso especial em referido recurso, tendo sido autuado no Superior Tribunal de Justiça sob o n. AREsp nº 1.614.817/SP.

circunstância evidencia a *"completa ausência de risco à soberania nacional na arrematação levada a efeito pelo agravado"*. Entretanto, referido dispositivo foi revogado pelo Lei nº 13.506, de 2017.

Ainda sobre esse assunto, muito pertinente a ponderação de Fabio Rocha Pinto e Silva no sentido de que:

> *seria necessário, em cada caso, requerer prévia autorização ao INCRA ou ao Congresso Nacional, conforme a extensão de terras, para a constituição da garantia fiduciária. Além disso, uma vez que a utilização da terra como garantia não se enquadra nas finalidades permitidas pelo art. 5º da Lei nº 5.709/1971 para a aquisição de imóvel rural por estrangeiro, a obtenção da autorização necessária para a constituição de alienação fiduciária de imóvel rural, nos termos da referida lei, seria provavelmente inviável.*
>
> *Sendo as restrições aplicáveis não apenas aos estrangeiros, mas também às sociedades brasileiras por eles controladas, nota-se que a impossibilidade de receber alienação fiduciária de imóvel rural em garantia, assim como a dificuldade em adjudicar o imóvel hipoteca, alcança todas as instituições financeiras internacionais que operam no Brasil, que respondem por parte considerável do crédito rural.*[279]

Por conta dessa insegurança jurídica sobre a possibilidade de a pessoa estrangeira (ou a esta equiparada) poder figurar como credor fiduciário quando o bem dado em garantia se tratar de imóvel rural é que a alienação fiduciária tem deixado de ser utilizada no setor agropecuário brasileiro, em que pese referido instituto permitir uma garantia muito mais efetiva e célere para o credor quando financia operações empresariais, o que acarretaria menores taxas para os devedores.

Como se pode notar, trata-se de questão deveras complexa, que por ter grande impacto no financiamento para a expansão do setor agropecuário brasileiro, mereceria maior atenção por parte da doutrina e, principalmente, do Poder Legislativo, para que promova uma reforma legislativa sobre o assunto.

---

[279] SILVA, FÁBIO ROCHA PINTO E. Garantias hipotecária e fiduciária imobiliária em contratos não habitacionais: limites da sua aplicação prática e inadequação do direito positivo. Dissertação de Mestrado apresentada à Faculdade de Direito da Universidade de São Paulo. 2013. p. 103.

4.6. Alienação fiduciária e sua constitucionalidade

A constitucionalidade do procedimento que estabelece a realização dos leilões públicos extrajudiciais na alienação fiduciária do bem imóvel é questão que ainda gera bastante controvérsia, em que pese a ampla discussão a respeito. Entretanto, o procedimento estabelecido em referida lei para a alienação de bem sem a participação do Poder Judiciário, conforme se passa brevemente a expor (sem, contudo, aspirar esgotar a matéria), não viola aos princípios constitucionais do devido processo legal, acesso à justiça contraditório e ampla defesa, nem fere o direito à propriedade, constantes do artigo 5°, incisos XXII, XXXV, LIV e LV da Constituição Federal.

A polêmica sobre a constitucionalidade, na verdade, surge com a promulgação do Decreto-lei n. 70, de 1966, que, ao instituir a cédula hipotecária, estabeleceu em seu artigo 32 a possibilidade de o imóvel hipotecado ser alienado pelo agente fiduciário em leilão público extrajudicial.

Sem pretender se alongar, até por não ser objeto do presente trabalho, explana-se de forma sumária o procedimento para a alienação do bem imóvel quando este serve de garantia a cédula hipotecária. Vencida e não paga a dívida, o credor solicitará ao agente fiduciário competente para que proceda com a execução da dívida. O agente fiduciário, por sua vez, deverá notificar o devedor para que purgue a mora no prazo de 20 (vinte) dias, que, caso permaneça silente, permitirá a realização do primeiro leilão para a alienação do imóvel hipotecado. Em não sendo obtido lance que supere o saldo devedor um segundo leilão deverá ser realizado, ocasião que será aceito qualquer lance e, não sendo suficiente para quitar a dívida, o credor poderá executar judicialmente o valor remanescente de seu crédito. Este, sumariamente, o procedimento estabelecido nos artigos 29 e 32 do Decreto-lei n. 70, de 1966.

Como se pode observar, o procedimento cm muito sc assemelha ao estabelecido para a alienação fiduciária em garantia, de modo que os questionamentos sobre sua constitucionalidade também estão pautados nos mesmos argumentos, conforme sintetizado por João Carlos Aerosa:

> "*Sinteticamente, as parcas vozes que ainda hoje defendem a inconstitucionalidade de tais procedimentos executivos extrajudiciais o fazem por entender que tal sistemática violaria princípios constitucionais do processo civil,*

tais como o (i) devido processo legal, (ii) acesso à justiça, (iii) contraditório, (iv) ampla defesa; e (v) juiz natural".[280]

De forma complementar, Ernane Fidélis dos Santos assevera que ao se estabelecer que o agente fiduciário (ou o Oficial de Registro de Imóveis) será o responsável pela condução do procedimento de expropriação do bem, atribuiu-se "à autoridade administrativa função eminentemente jurisdicional. As consequências contratuais e a consolidação da propriedade me desacordo, ainda que eventuais, configuram autêntico litígio, cuja solução, se não houver autocomposição, é de competência exclusiva do Poder Judiciário (art. 5º, XXXV, da CF)".[281]

Em suma, o argumento pela inconstitucionalidade está na vedação expressa da Carta Magna de que ninguém será privada de seus bens sem que haja o devido processo legal. Com isso, alega-se que os artigos 26 e 27, da Lei n. 9.514, de 1997 estabelecem a excussão do bem dado em garantia, sem a intervenção do Poder Judiciário, violaria referido princípio constitucional.

No que tange a alienação fiduciária, o Colendo Supremo Tribunal Federal, por maioria, sendo vencido o Ministro Edson Fachin,[282] reputou constitucional a questão e a existência de repercussão geral do Recurso Extraordinário n. 860.631, de relatoria do Ministro Luiz Fux, que assim fundamentou:

> *"[...] os contratos firmados pelo Sistema Financeiro Imobiliário são produzidos em massa em todo o país, enquanto os juros praticados, inclusive em programas sociais de incentivo à moradia, são estabelecidos em plena consonância com os riscos decorrentes da inadimplência e com o tempo estimado para reaver imóveis nessa situação. Além disso, há necessidade de posicionamento desta*

---

[280] AEROSA, João Carlos. Op. cit. p. 10.
[281] SANTOS, ERNANE FIDELIS DOS. Alienação fiduciária de coisa imóvel. Revista Jurídica. n. 261. p. 22 *apud* PEREIRA, HÉLIO DO VALLE. A nova Alienação fiduciária em garantia — aspectos processuais. 2. Ed. Florianópolis: Conceito Editorial. 2008. p. 219.
[282] "Recurso Extraordinário. Processual Civil e Constitucional. Sistema Financeiro Imobiliário. Execução extrajudicial. Alienação fiduciária de bem imóvel. Princípios da inafastabilidade da jurisdição, do devido processo legal, da ampla defesa e do contraditório. Direitos fundamentais à propriedade e à moradia. Questão relevante do ponto de vista jurídico, econômico e social. Repercussão geral reconhecida". (STF — RE 860.631 RG, Min. Relator LUIZ FUX, Tribunal Pleno, j. 01/02/2018, DJe 06/02/2018).

Suprema Corte no que concerne à matéria sub examine, a fim de se garantir segurança jurídica aos contratantes e maior estabilidade às relações jurídicas no mercado imobiliário nacional, tudo a influenciar políticas governamentais de incentivo à moradia. Destarte, a vexata quaestio apresenta densidade constitucional e transcende os interesses subjetivos das partes, sendo relevante do ponto de vista econômico, jurídico e social para milhões de mutuários do Sistema Financeiro da Imobiliário".[283]

Referido recurso extraordinário aguarda julgamento pelo colegiado. Entretanto, entende-se que Colendo Tribunal concluirá que a sistemática estabelecida pela Lei n. 9.514, de 1997 não ofende os princípios constitucionais supramencionados.

O primeiro argumento que embasa a constitucionalidade da execução extrajudicial está no fato de que a qualquer momento, durante todo o procedimento para a alienação do bem imóvel alienado fiduciariamente, o devedor fiduciante poderá acionar o Poder Judiciário para questionar qualquer irregularidade praticada pelo credor fiduciário, de modo que não há que se falar de vedação dele acessar a justiça.

Percebe-se, na verdade, que seguindo a lógica do Decreto-lei n. 70, de 1966, a Lei n. 9.514, de 1997 apenas inverteu o ônus de ingressar com a ação, de modo que caberá ao devedor fiduciante a iniciativa de reportar ao Poder Judiciário alguma violação ao seu direito.

Melhim Namem Chalhub é muito claro em seu posicionamento sobre essa questão, ao afirmar que *"tanto quanto na fase contemporânea à notificação, também nas fases da consolidação e do leilão estará assegurada a intervenção judicial se na implementação dessas normas resultar alguma lesão de direito ou ameaça de lesão aos direitos do fiduciante"*.[284]

Entretanto, como ponderado por Cândido Rangel Dinamarco, *"a reação do devedor será eventual, como ensina La China, porque só poderá se manifestar se houver lesão ou ameaça de lesão a direito, mas é viável porque há, no ordenamento, meios para sua manifestação, observadas as condições da ação definidas na lei processual"*.[285]

---

[283] STF — Recurso Extraordinário n. 860.631, de relatoria do Ministro Luiz Fux. Datada de 6/12/2017.
[284] CHALHUB, MELHIM NAMEM. Op. cit. p. 358.
[285] DINAMARCO, CÂNDIDO RANGEL. Op. cit. p. 9.

Outro argumento que reforça a constitucionalidade do procedimento é que, como visto ao longo deste trabalho, na alienação fiduciária em garantia não há a alienação de qualquer bem do devedor fiduciante, que apenas possui expectativa de direito sobre o imóvel. Com o registro do contrato, constitui-se a propriedade fiduciária em favor do credor fiduciário, que a possui em condição resolutiva, ou seja, enquanto não adimplida a obrigação de pagamento assumida pelo devedor fiduciante.

Com o descumprimento desta obrigação, o devedor fiduciante será intimado para purgar a mora. Somente se este deixar de purgá-la é que o credor fiduciário poderá consolidar a propriedade em seu nome e iniciar o procedimento de alienação do imóvel nos leilões públicos. Portanto, conforme posto Melhim Namem Chalhub, *"o credor estará vendendo coisa própria, embora fazendo-o para cumprimento do ônus imposto pela lei"*.

No mesmo sentido Arnoldo Wald: *"indiscutivelmente constitucionais, assim, as regras contidas na Lei 9.514/1997, mesmo porque se trata aqui de consolidação de propriedade sobre coisa própria (ius in re), ainda que resolúvel, havendo, por conseguinte, maior razão para assim se proceder do que em caso de hipoteca"*.[286]

De forma muito clara, Marcelo Terra sintetiza a questão da constitucionalidade dos procedimentos extrajudiciais da Lei n. 9.514, de 1997:

> *O leilão extrajudicial somente será realizado após a consolidação da plena propriedade na pessoa do credor (fiduciário), a qual está indissoluvelmente condicionada à pré-existência de mora não purgada do devedor (fiduciante). Ora, se o devedor (fiduciante) tiver justa causa para o não pagamento de sua dívida, ou se houver razão para impugnar qualquer formalidade do procedimento de intimação ou de realização do leilão extrajudicial, ele (devedor fiduciante) poderá, sem qualquer embaraço, demandar judicialmente antes, durante ou posteriormente ao leilão; o acesso ao juiz natural é inafastável, podendo o Poder Judiciário, instado pelo interessado, decidir a respeito de todas as questões suscitadas. Seria efetivamente inconstitucional se a disposição legal veda se ao devedor (fiduciante) o direito de demandar a respeito de qualquer aspecto do contrato de alienação ou do procedimento decorrente de seu próprio inadimplemento"*.[287]

---

[286] WALD, ARNOLDO. Op. cit. p. 11.
[287] TERRA, MARCELO. Op. cit. p 53-54.

Conforme se constata, o posicionamento doutrinário é majoritário pela constitucionalidade dos procedimentos extrajudiciais estabelecidos pela Lei n. 9.514, de 1997.

CONCLUSÕES

Por meio do presente trabalho, examinou-se o regime da alienação fiduciária em garantia de bem imóveis, introduzida no ordenamento jurídico brasileiro por meio da Lei n. 9.514, de 1997, que teve um grande impacto positivo sob o aspecto jurídico e econômico.

Conforme dispõe o artigo 22 de referida Lei nº 9.514, de 1997, a alienação fiduciária é *"o negócio jurídico pelo qual o devedor, ou fiduciante, com o escopo de garantia, contrata a transferência ao credor, ou fiduciário, da propriedade resolúvel de coisa imóvel"*. Assim sendo, ao ser firmada, o credor fiduciário passará a ser proprietário resolúvel do bem, tendo apenas a posse indireta do imóvel, ao passo que o devedor fiduciante será seu possuidor direto, podendo utilizar o bem livremente enquanto estiver adimplindo suas obrigações contratuais.

Por ser um contrato acessório, a alienação fiduciária em garantia estará vinculada a um contrato principal de mútuo ou financiamento, por meio do qual o credor disponibiliza ao devedor determinada quantidade de capital, recebendo em garantia a propriedade fiduciária de determinado imóvel.

Neste ponto, importante destacar, como visto, que não é a alienação fiduciária que constituiu garantia real, mas sim a propriedade fiduciária, a qual é constituída com o registro do contrato que disciplina a alienação fiduciária em si.

Em razão da resolutividade da propriedade fiduciária, sua manutenção está condicionada ao pagamento do empréstimo pelo devedor fiduciante, de modo que com o cumprimento integral, há sua extinção, passando, então, a ter (novamente) o devedor a propriedade plena do imóvel.

Por outro lado, em caso de inadimplemento da obrigação, o credor fiduciário deverá intimar o devedor fiduciante para que ele purgue a mora no prazo legal de 15 (quinze) dias; caso o fiduciante permaneça inerte, o fiduciário consolidará a propriedade em seu nome, devendo então promover a alienação do bem para satisfação de seu crédito por meio de leilões públicos.

Como exposto ao longo deste trabalho, a alienação fiduciária trouxe mais celeridade e efetividade na recuperação de crédito por parte dos credores fiduciários quando do inadimplemento dos devedores fiduciantes, o que gerou benefícios para ambas as partes. Isso porque, como o credor fiduciário (por estar na posse indireta do bem) consegue recuperar o capital emprestado de forma mais rápida, o risco do negócio diminui, implicando em redução das taxas de juros, o que acaba por beneficiar os devedores fiduciantes.

Essa celeridade na recuperação do crédito decorre, essencialmente, dos procedimentos extrajudiciais estabelecidos pela Lei n. 9.514, de 1997. Entretanto, como a lei dificilmente conseguirá disciplinar todos os possíveis questionamentos que surgirão com os possíveis descumprimentos, necessária se faz a atuação do Poder Judiciário a fim de elucidar todo e qualquer questionamento decorrente dessa lacuna legislativa.

Com isso, após a devida conceituação da alienação fiduciária em garantia de bem imóvel, detalhando seus elementos essenciais e seus procedimentos para a consolidação da propriedade em nome do devedor fiduciante ou do credor fiduciário, passou-se a análise dessas questões processuais e que estão em debate na doutrina e jurisprudência brasileiras.

Com relação a estas questões, ponderou-se sobre a possibilidade de o credor fiduciário — após o inadimplemento do devedor fiduciante, da não purgação da mora por ele e da consolidação da propriedade em nome do credor —, ingressar com ação de reintegração de posse em face da pessoa que indevidamente estiver ocupando o imóvel, seja ela o próprio devedor fiduciante, seja (eventualmente) um locatário. Ressalvou-se apenas que, na hipótese de o credor fiduciante ter anuído no contrato de locação, a ação cabível seria a de despejo. E ainda, destacou-se que é possível ingressar com a ação de reintegração de posse tão logo a propriedade se consolide em nome do credor fiduciário, ou seja, depois de ter decorrido *in albis* o prazo para que o devedor fiduciante purgasse a mora.

Houve ainda a apreciação das ações cabíveis em face do credor fiduciário quando este se recusar, ilegitimamente, a realizar alguma das providências a ele estabelecidas pela Lei n. 9.514, de 1997, quais sejam (i) fornecer o termo de quitação da liquidação da dívida quando do adimplemento integral pelo devedor fiduciante, (ii) promover o leilão extrajudicial após consolidada a propriedade em seu nome, (iii) fornecer o termo de quitação após a arrematação ou adjudicação do bem após o leilão extrajudicial e, (iv) por fim, entregar o saldo que sobejar a dívida quando da alienação do imóvel.

Outra questão que suscitou debate foi sobre a possibilidade de o credor fiduciário adjudicar o imóvel alienado fiduciariamente quando infrutíferos os dois leilões públicos para alienação de referido bem, e a suposta consequência de ser o credor fiduciante exonerado da dívida. Além de ser explicitado que essa adjudicação não viola a vedação ao pacto comissório, ponderou-se também que a extinção da dívida somente ocorrerá se o valor de avaliação do imóvel for superior ao valor da dívida.

Como questões relacionadas à mencionada acima, refletiu-se sobre a possibilidade de aplicação da teoria do adimplemento substancial ao contrato de alienação fiduciária e do disposto no artigo 53 do Código de Defesa do Consumidor, ou seja, de ser necessária a restituição de parte das parcelas pagas pelo devedor fiduciante até a realização do leilão. Como visto, opinou-se pela inaplicabilidade de ambas, uma vez que isso acarretaria a total desconfiguração da alienação fiduciária.

No mesmo sentido foi a opinião sobre o questionamento se a venda do imóvel em segundo leilão pelo valor da dívida poderia ser considerado preço vil, quando há desproporcionalidade com o valor de avaliação do imóvel.

Em seguida, houve o exame sobre a alienação fiduciária em garantia de imóvel rural, cuja operação visa a financiar as atividades empresariais do devedor fiduciante e o credor fiduciário é pessoa estrangeira (ou a esta equiparada). Como explicitado, a questão é deveras complexa e não possui um entendimento consolidado, de modo que uma solução dependeria de uma atividade legislativa.

Conforme ponderado, o presente trabalho visava a examinar as principais questões processuais relacionadas à alienação fiduciária em garantia de bem imóvel e que hodiernamente vem sendo apreciadas pelo Poder Judiciário. Todavia, verificou-se que os tribunais brasileiros vêm proferindo decisões que acabam por descaracterizar a essência da alienação fiduciária, o que acarreta sobre ela uma insegurança jurídica indesejada.

Justamente por isso, que se faz imperioso que os julgadores e os doutrinadores deem maior atenção ao estudo da alienação fiduciária, para, com isso, evitar sua desconfiguração, o que acaba por afastar sua ampla utilização, que como visto traz benefícios econômicos tanto para os credores fiduciários, como para os devedores fiduciantes.

BIBLIOGRAFIA

ABECIP — Associação Brasileira das Entidades de Crédito Imobiliário e Poupança. Boletim Informativo de Crédito Imobiliário e Poupança, divulgado em 30 de dezembro de 2019, disponível em https://www.abecip.org.br/admin/assets/uploads/anexos/data-abecip-2019-11.pdf, acessado em 3/1/2020.

ABRÃO, Carlos Henrique. Alienação fiduciária imobiliária. *Revista de Direito Bancário, do Mercado de Capitais e da Arbitragem*. São Paulo, ano 3, n.10, p. 251--256, out./dez., 2000.

ALVES, André Cordelli. A alienação fiduciária em garantia de bens imóveis e o artigo 53 do código de defesa do consumidor, disponível em https://762abf6b-93ed-4967-b68a-8672cec4d16e.filesusr.com/ugd/c2cfe0_3879f86e46b24078b2a0dfee24946ae1.pdf, acessado em 19/11/2019.

_____. Alienação fiduciária em garantia de bens imóveis, disponível em https://762abf6b-93ed-4967-b68a-8672cec4d16e.filesusr.com/ugd/c2cfe0_e88a3626 58a14492b70c533ed04d98cd.pdf, acessado em 19/11/2019.

ALVES, José Carlos Moreira. Da alienação fiduciária em garantia. 2 ed. rev., atual. e aum. Rio de Janeiro: Forense. 1979

ARAÚJO, Thiago Cássio D'ávila. Apontamentos sobre a teoria do adimplemento substancial. Migalhas. Disponível em https://www.migalhas.com.br/dePeso/16,MI252440,91041-Apontamentos+sobre+a+ teoria +do+adimplemento+substancial, acessado em 3/8/2019.

AREOSA, JOÃO CARLOS. Questões atuais e controvertidas acerca da alienação fiduciária de imóvel: a busca pela segurança jurídica e recuperação dos investimentos das entidades fechadas de previdência complementar. Revista de previdência, n. 11, p. 119-155, nov. 2012.

Ascarelli, Tullio. Problemas das Sociedades Anônimas e Direito Comparado. Campinas: Bookseller, 2001.

Assis, Araken de. Manual do processo de execução, 7ª ed., RT, São Paulo, 2001.

Avila, Henrique. Aspectos processuais da alienação fiduciária. Dissertação (Mestrado em Direito). Faculdade de Direito da Pontifícia Universidade Católica de São Paulo, São Paulo, 2013.

Azevedo, Álvaro Villaça. Alienação fiduciária em garantia de bem imóvel. In: Tartuce, Flávio; Castilho, Ricardo, Coords. Direito civil: direito patrimonial e direito existencial: estudos em homenagem à Professora Giselda Maria Fernandes Novaes Hironaka, São Paulo: Escola Paulista de Direito: Método, 2006.

Berger, Renato. Temas complexos de direito empresarial: resolução de questões concretas. São Paulo: Quartier Latin. 2019.

Brasil. Advocacia-Geral da União. Parecer n. GQ — 22. Brasília: AGU, 1994.

Brasil. Advocacia-Geral da União. Parecer n. LA — 01. Brasília: AGU, 2010.

Brezolin, Umberto Bara. Execução extrajudicial imobiliária. 1ª edição. São Paulo: Atlas. 2013.

Buzaid, Alfredo. Ensaio sobre a alienação fiduciária em garantia: lei n. 4.728, art. 66. São Paulo. Acrefi. 1969.

Cambler, Everaldo Augusto. Preço vil impossibilidade de arguição na alienação fiduciária de bem imóvel. Revista de Direito Imobiliário, vol. 782015, p. 277-298.

Carvalho, Maria Serina Areias de. Propriedade fiduciária: bens móveis e imóveis. 2009. Dissertação (Mestrado em Direito Civil) — Faculdade de Direito, Universidade de São Paulo, São Paulo, 2009.

Castro, João Mendes de Oliveira. Temas polêmicos de alienação fiduciária em garantia: o alcance da quitação recíproca dos parágrafos 5º e 6º do Art. 27 da Lei n. 9.514/1997. Revista dos Tribunais Online, v. 71, nov. 2016, p. 159-176.

Chalhub, Melhim Namem. Alienação fiduciária: negócio fiduciário. 5ª ed. Rio de Janeiro. Forense. 2017.

_____. Alienação fiduciária de bens imóveis: aspectos da formação, execução e extinção do contrato. Revista de Direito Imobiliário, São Paulo: Revista dos Tribunais, v. 30, n. 63, dez. 2007. p. 82-111.

_____. Alienação Fiduciária e Direito do Consumidor. São Paulo. ABECIP-20.11.1997. Disponível em: https://www.abecip.org.br/admin/assets/uploads/anexos/alienacao-fiduciaria-e-direitos-do-consumidor9.pdf, acessado em 2/2/2019.

BIBLIOGRAFIA

CHULAM, Eduardo. Alienação fiduciária de bens imóveis. São Paulo. Almedina. 2019.

_____. Aspectos processuais na alienação fiduciária de bens imóveis. Dissertação de Mestrado em Direito. Faculdade de Direito da Universidade de São Paulo. 2016.

COSTA, Valestian Milhomem da. A alienação fiduciária no financiamento imobiliário. Porto Alegre. SAFE. 2005.

DANTZGER, Afranio Carlos Camargo. Alienação fiduciária de bens imóveis. 3. ed. Rio de Janeiro: Forense/São Paulo: Método, 2010.

DINAMARCO, Cândido Rangel. Alienação fiduciária de bens imóveis (parecer). Revista de Direito Imobiliário. Ano24. N. 51. São Paulo. jul/dez. 2001.

_____. Instituições de Direito Processual Civil. v. III. 6ª Ed. São Paulo: Malheiros, 2013.

_____. LOPES, Bruno Vasconcelos Carrilho. Teoria Geral do novo Processo Civil. São Paulo: Malheiros, 2016.

DINIZ, Maria Helena. Tratado teórico e prático dos contratos. v.5. 4. ed. São Paulo: Saraiva, 2002.

FARO, Alexandre Gereto de Mello. Alienação fiduciária de ações e regime jurídico da alienação fiduciária em garantia. 2016. 175 f. Dissertação (Mestrado em Direito) — Programa de Estudos Pós-Graduados em Direito, Pontifícia Universidade Católica de São Paulo, São Paulo, 2016.

FELICIANO, Guilherme Guimarães. Tratado de alienação fiduciária em garantia: das bases romanas à lei n. 9.514/1997. São Paulo: LTr, 1999.

FERREIRA, Waldemar. O trust anglo-americano e o fideicomisso latino-americano. Revista da Faculdade de Direito da Universidade de São Paulo, v. LI. 1956. p.182-202. Disponível em http://www.revistas.usp.br/rfdusp/article/view/66250, acessado em 19/10/2019.

FIUZA, César. Alienação fiduciária em garantia: de acordo com a Lei n. 9.514/97. Rio de Janeiro. AIDE. 2000.

GARUTTI, Bruno Fernando. As alterações promovidas pela lei 13.465/17 na sistemática da alienação fiduciária em garantia de bem imóvel — Lei 9.514/97. Migalhas. Disponível em http://www.migalhas.com.br/dePeso/16,MI262821,81042-As+alteracoes+promovidas+pela+lei+1346517+na+sistematica+da+alienacao, acessado 15/5/2018.

GIANNICO, Mauricio. Expropriação Executiva. São Paulo. Saraiva. 2012.

GOMES, Orlando. Alienação fiduciária em garantia. São Paulo. Editora Revista dos Tribunais. 3ª edição 1975.

_____. Alienação fiduciária em garantia. São Paulo: Editora Revista dos Tribunais, 2ª edição. 1971.

HAGE, Fábio Augusto Santana; PEIXOTO, Marcus; VIEIRA FILHO; José Eustáquio Ribeiro. Aquisição de terras por estrangeiros no Brasil: Uma Avaliação Jurídica e Econômica. Núcleo de Estudos e Pesquisas do Senado Federal. Disponível em https://www12.senado.leg.br/publicacoes/estudos-legislativos/tipos-de-estudos/textos-para-discussao/td-114-aquisicao-de-terras-por-estrangeiros-no-brasil-uma-avaliacao-juridica-e-economica, acessado em 14/4/2019.

HAGUE CONFERENCE ON PRIVATE INTERNATIONAL LAW, Convention on the law applicable to trusts and on their recognition, 1985, disponível em: https://www.hcch.net/pt/instruments/ conventions/full-text/?cid=59.

KOJRANSKI, Nelson Repercussões da alienação fiduciária de imóvel na locação, Revista do Instituto dos Advogados de São Paulo, n. 2. 1998, p. 193-197.

LIMA, Marcelo Chiavassa de' Mello Paula. Negócios indiretos e negócios fiduciários. Dissertação (Mestrado em Direito). Pontifícia Universidade Católica de São Paulo, São Paulo, 2016.

LIMA, Otto de Sousa. Negócio Fiduciário. São Paulo: Revista dos Tribunais, 1959.

_____. Negócio Fiduciário. São Paulo: Revista dos Tribunais. 1962.

LOUREIRO, José Eduardo. Alienação Fiduciária de Coisa Imóvel. Revista do Advogado, São Paulo, n. 63, jun. 2001, p. 86-95.

LUFT, Rosângela. Concessão de direito real de uso. Enciclopédia jurídica da PUC-SP. Celso Fernandes Campilongo, Alvaro de Azevedo Gonzaga e André Luiz Freire (coords.). Tomo: Direito Administrativo e Constitucional. Vidal Serrano Nunes Jr., Maurício Zockun, Carolina Zancaner Zockun, André Luiz Freire (coord. de tomo). 1. ed. São Paulo: Pontifícia Universidade Católica de São Paulo, 2017. Disponível em: https://enciclopediajuridica.pucsp.br/verbete/16/edicao-1/concessao-de-direito-real-de-uso, acessado em 3/11/2019.

MARCACINI, Augusto Tavares Rosa. Uma breve reflexão sobre a citação e a intimação na era digital: incertezas e consequências. Doutrinas Essenciais — Novo Processo Civil, vol. 2/2018, p. 1099-1117.

MARKY, Thomas. Curso elementar de direito romano. 2. ed. São Paulo: Resenha Tributária, 1974.

MARTINEZ, Jorge Alfredo Dominguez Martinez. El fideicomiso en mexico. Podium Notarial n. 32 — Decembre 2005. p. 219-230.

Martins, Renan Buhnemann; Rossi, João Paulo Micheletto. A alienação fiduciária de imóvel em garantia de operações financeiras — os riscos à luz do artigo 27, § 5º, da lei 9.514/97. Migalhas de peso, disponível em https://www.migalhas.com.br/dePeso/16,MI258867,71043-A+alienacao+fiduciaria+de+imovel+em+garantia+de+operacoes+financeiras, acessado em 7/4/2018.

Martins, Samir José Caetano. Execuções extrajudiciais de créditos imobiliários. Rio de Janeiro: Espaço Jurídico, 2007.

Martins-Costa, Judith H. Os Negócios Fiduciários — Considerações sobre a Possibilidade do Acolhimento do "trust" no Direito Brasileiro. Revista dos Tribunais. São Paulo, jul. 1990. p. 37-50.

Meirelles, Hely Lopes. Direito administrativo brasileiro. 35. ed. São Paulo: Malheiros, 2009.

Michellazzo, Busa Mackenzie. Da busca e apreensão na alienação fiduciária: teoria, legislação, jurisprudência e prática. RT. São Paulo:Lawbook. 2000

Miranda, Pontes de. Tratado de direito privado. Tomo 3. Campinas: Bookseller, 2001.

Neves, Douglas Ribeiro. Hipoteca judiciária. 2011. Dissertação (Mestrado em Direito Processual) — Faculdade de Direito, Universidade de São Paulo, São Paulo, 2011.

Pereira, Fábio Queiroz. Fidúcia: origem, estrutura e tutela no Direito Romano". Revista Justiça & História do TJRS, Vol. 10 — n. 19 e 20, 2010. p. 15-29.

Pereira, Hélio do Valle. A nova Alienação Fiduciária em garantia — aspectos processuais; 2ª ed. Florianópolis: Conveito Editora 2008.

Polillo, Renato Romero. Alienação fiduciária de bens imóveis. 2013. Dissertação (Mestrado em Direito Civil) — Faculdade de Direito, Universidade de São Paulo, São Paulo, 2013.

Pontes, Ted Luiz Rocha. Caminha, Uinie. Uma análise econômica da alienação fiduciária em garantia dos bens imóveis. SCIENTIA IURIS, Londrina, v.20, n.1, abr.2016. p.221-248.

Restiffe Neto, Paulo, Restiffe, Paulo Sérgio. Garantia fiduciária. 3. ed. São Paulo: RT, 2000.

Ribeiro, Flávia Pereira. Desjudicialização da execução civil. São Paulo: Saraiva. 2013.

Rocha, Glézio. Da execução extrajudiciária do crédito hipotecário. São Paulo: Sugestões Literárias, 1971.

Rodrigues, Mádson Ottoni de Almeida. A purgação da mora no contrato de alienação fiduciária em garantia de bem móvel. Tese de doutorado. Faculdade de Direito da Pontifícia Universidade Católica de São Paulo, São Paulo 2018.

SAAD, Renan Miguel. A alienação fiduciária sobre bens imóveis. Rio de Janeiro: Renovar, 2001.

SILVA, Fábio Rocha Pinto e. Sistema de garantias no direito brasileiro: análise sistemática das garantias positivadas e uma proposta para sua reforma. Tese de Doutorado apresentada à Faculdade de Direito da Universidade de São Paulo. 2016.

_____. Garantias hipotecárias e fiduciária imobiliária em contratos não habitacionais: limites da sua aplicação prática e inadequação do direito positivo. 2013. Dissertação (Mestrado em Direito Civil) — Faculdade de Direito, Universidade de São Paulo, São Paulo, 2013.

SILVA, Luiz Augusto Beck da. Alienação fiduciária em garantia: história, generalidades, aspectos processuais, ações, questões controvertidas, legislação e jurisprudência Rio de Janeiro: Forense, 5ª edição. 2001.

_____. Alienação fiduciária em garantia: história, generalidades, aspectos processuais, ações, questões controvertidas, legislação e jurisprudência do STF, STJ, TJ-RS, TA-RS, entre outros tribunais. 4.ed. Rio de Janeiro. Forense. 1998.

TERRA, Marcelo. Alienação fiduciária de imóvel em garantia — Lei 9.514/97, primeiras linhas. Porto Alegre: SAFE, 1998.

TRENTINI, Vânia Karen. A execução extrajudicial prevista no decreto-lei 70/66 em face da constituição federal de 1988. Curitiba: [s.n.], 2002.

TREVELIM, Ivandro Ristum; AZEVEDO, Álvaro Villaça. A alienação fiduciária em garantia e sua aplicação no mercado financeiro imobiliário. 2008.Universidade de São Paulo, São Paulo, 2008.

VASCONCELOS, Ronaldo, Direito Processual Falimentar, Quartier Latin, São Paulo, 2008.

VENOSA, Silvio de Salvo. Direito Civil: direitos reais. 13. ed. v.5. São Paulo: Atlas, 2013.

WALD, Arnaldo. Do regime legal da alienação fiduciária de imóveis e sua aplicabilidade em operações de financiamento de bancos de desenvolvimento. In Revista de Direito Imobiliário. vol. 51/2001. p. 253-279.

ZAMPINI, Regina Célia Costa Alvarenga. O adimplemento substancial na alienação fiduciária imóvel. Revista de Direito Privado. vol. 78/2017. p. 217-240.